신조어를 통해 본 현대 중국 사회문화

• 본 연구는 2014년도 계명대학교 비사(일반)연구기금으로 이루어졌다(This research was supported by the Bisa Research Grant of Keimyung University in 2017).

# 신조어를 통해 본
# 현대 중국 사회문화

윤창준 지음

어문학사

# | 차 례 |

# I장 신조어란 무엇인가?

    언어는 사람과 사람 사이에 의사소통을 위한 도구이며, 정보를 전달하고 생각을 표현하는 동시에 사회생활과 사상의 변화를 반영하는 거울이기 때문에 언어의 존재와 변화는 사회의 존재 및 변화와 그 맥을 같이 한다고 할 수 있다.

    사회가 발전해감에 따라 언어의 각 구성부분에 변화가 일어나는데, 어휘는 사회적 변화에 대해서 가장 직접적이고 민감하게 반응하며, 다른 구성부분, 즉 어법이나 어음보다 그 변화 속도가 현저하게 빠르다.

    어휘 변화란 그 양상이 매우 복잡하지만, 신조어의 출현, 옛말의 소멸, 어휘의 의미변화 등 세가지 측면으로 귀납할 수 있다.

    이 세가지 측면 가운데 옛말의 소멸과 어휘의 의미변화는 신조어가 생성되는 속도에 비하여 상대적으로 느리고, 그 변화의 속도가 단시간 안에 명확하게 나타나지 않으므로, 어휘변화의 핵심은 바로 신조어의 생성이라고 할 수 있다.

인류사회가 변화하고 발전하여 새로운 사물과 현상들이 대거 출현하게 되면 인간의 사유능력도 한층 성숙하게 된다. 이때 이에 부응하는 새로운 어휘가 생성되지 않는다면 사람과 사람 사이의 교류가 불편해지고 사회발전에 역행하게 된다. 따라서 새로운 어휘, 즉 신조어가 생성되어 이러한 문제를 해결하고 합당한 역할을 하게 되는 것이다.

즉, 언어는 사회적 현상이므로, 사회 각 분야와 밀접한 관계가 있으며 사회에 새로운 사물이나 새로운 개념이 출현하면 신조어를 통해서 사람과 사람 사이의 교류나 사회발전에 적응할 수 있도록 하는 것이다. 그러므로 사람들은 기존 언어자료를 이용하여 많은 신조어를 만들게 되며, 바로 이로 인해 어휘는 더욱 풍부해지는 것이다.

따라서 신조어를 연구·학습하는 것은 새로운 사물과 지식을 습득함과 동시에 그 시대에 만들어진 신조어를 통하여 그 나라의 사회와 문화를 살필 수 있는 중요한 방법이 된다.

## 1. 신조어의 정의 및 요건

### 1) 신조어의 정의

신조어는 중국어로 新詞語 또는 新詞라고 하며, 사전적인 의미는 "사회 교류의 필요성에 적응하기 위하여 새로 만들어진 단어[1]"이다.

---

1 "爲了適應社會交際需要而新造的詞", 『中國語言學大辭典』, 72쪽.

본 연구에서는 新詞語를 일반적으로 '새로 창조한 어휘로써 일반 대중들에게 받아들여져 일반어휘로 사용되어지기 전까지 지속적으로 사용하는 어휘로, 사회구성원들에게 보편적으로 사용되어진 어휘로 신조어사전에 수록된 것'으로 정의내리고자 한다. 즉 어휘는 사회의 변화와 발전에 따라 끊임없이 새로 만들어지지만, 이들 가운데 상당 수는 당시대에 별다른 영향을 미치지 못하고 곧 없어지기도 하기 때문에, 이와 같은 임시조어는 신조어라고 칭할 수는 없다. 신조어는 적어도 그 지역, 그 시기에 가장 새로운 단어이어야 하며, 또한 사람들에 의하여 보편적으로 사용되어야 한다.


## 2) 신조어의 요건

상술한 바와 같이 신조어는 사회언어 현상의 중요한 부분을 차지하고 있다. 그렇다면 신조어가 갖추어야 할 요건은 무엇인가? 다음에서 간략히 살펴보기로 하자.

### (1) 사회적 요구
신조어는 새로 생긴 개념이나 사물을 표현하기 위하여 만들어지거나, 예전부터 사용되던 말이라도 새로운 뜻이 주어지면서 등장한 낱말을 통칭한다. 예를 들어 靑蛙는 '청개구리'라는 의미로 사용되지만, '인터넷 채팅에서 만난 못생긴 남자'의 의미로 사용되면 기존 낱말과는 다른 새로운 의미의 신조어가 되는 것이다.

이처럼 신조어는 사회적 요구나 요청이 있을 때 비로소 언어 체계에 출현하여 사회적 기대를 충족할 수 있어야 한다.


(2) 공간적 규약

신조어가 생기는 원인은 이전에 없던 개념이나 사물을 표현하기 위해서이다. 기존에 있던 개념이나 사물이라도 그것을 표현하던 말들의 표현력이 감소 또는 변화되었을 때, 그것을 보강하거나 신선한 느낌을 가진 새로운 말로 바꾸기를 원하는 대중적 욕구에 의해서도 신조어가 만들어진다.

그러나 새로 생기거나 새로운 의미가 첨가된 말이라고 하더라도 무조건 다 신조어라고 할 수는 없다. 신조어는 사회 전체적으로 승인을 받아 사용되는 새로운 형태의 낱말, 혹은 새로운 의미가 깃들어 있는 단어여야 한다. 이것은 즉 신조어가 공간과도 관계가 있다는 것을 의미한다. 즉 넓은 지역에서 광범위하게 사용될 때 신조어라고 말할 수 있다. 유행어나 전문용어는 신조어가 될 수 있지만, 모든 유행어나 전문용어가 다 신조어가 될 수 있는 것을 아니다. 일정한 시기에 일부 계층에서만 잠시 사용되는 어휘는 신조어가 될 수 없기 때문이다. 그 낱말이 대중성을 갖느냐 갖지 못하느냐에 따라서 신조어의 가부가 결정된다.

### (3) 시간 속성

동일한 어휘를 놓고도 신조어 여부를 놓고 갑론을박이 벌어질 수
있다. 신조어는 시간적인 속성을 지닌 상대적 개념의 용어이기 때문
이다. 일반적으로 언어학자들은 신조어의 시간속성을 두고 신조어는
어떤 시기를 기점으로 하여 일정 기간 동안 지속적으로 존재해야할
필요성이 있다고 주장한다.

다만, 신조어가 새로 만들어진 말 가운데 비교적 많은 사람들에게
통용되어 언어체계 속에서 안정적인 위치를 획득한 어휘이어야 한다
는 것에는 이견이 없지만, 신조어의 시간 속성에 대해서 계량적인 시
간을 제시하는 것을 위험하다고 판단된다. 왜냐하면 각 신조어마다
경우의 수가 다양하기 때문이다.

# II장 신조어의 언어학적 가치

본 연구의 목적을 달성하기 위하여 우선 2000년대 이후 새로 만들어진 신조어를 취합하였다. 그 방법으로는 2000년대부터 중국의 정부기관 및 중국사회과학원을 중심으로 편찬하고 있는 신조어 사전, 즉 《21世纪华语新词语词典》에 수록된 신조어와 중국 인터넷 포털 사이트(http://www.baidu.com)에 수록된 신조어를 분석의 대상으로 삼았다.

왜냐하면 신조어는 유행어와는 달리 일정 시기 많은 사람들에 의하여 넓은 지역에서 광범위하게 사용되다가 일상 언어로 귀결되는 반면, 유행어는 일정시기 일부사람들에 의하여 잠시 사용되다가 곧 폐기되기 때문에, 인터넷에 잠시 떠도는 유행어는 신조어로 보기 어렵기 때문이다.

따라서 본 연구에서는 분석의 대상을 시기별로 출판되는 신조어 사전에 수록된 낱말을 우선 분석 대상으로 삼고, 이 중 단순한 음역 및 축약어 등을 제외하여 사회현상을 대변할 수 있는 신조어만을 취합하여 분석하고자 한다.

본 연구에서 다루게 될 내용에 대해서 언어학적 관점에서 예를 들면 다음과 같다.

우선 2006년도 《今日中国》第 5期에는 "白丁是指曾经把丁克当成一种目标, 宣称自己决定要丁克的人, 过了一段时间后又主动放弃了"라는 기사가 실렸다. 여기서 말하는 '白丁'의 의미를 정확히 이해하려면 '丁克'라는 신조어에 대해서 알아야 한다.

丁克(dīng ke)는 영어의 'Double Income No Kids'의 머리글자인 D, I, N, K의 조합으로 이루어진 말로, DINK와 독음이 같다. 중국에서는 결혼 후 자녀를 낳을 수 있으나 자녀를 낳지 않고 부부끼리만 지내는 것이 1990년대 이후부터 유행했는데, 丁克는 바로 이러한 부부를 지칭하는 신조어이다.

이러한 신조어가 생성된 배경을 살펴보면 다음과 같다.

즉 1980년대 이후 丁克 가족형태가 유럽 및 미국 등지에서 중국으로 들어와 유행하기 시작하였으며, 1990년대 초에서 말에 이르기까지 중국의 여러 대도시, 특히 문화수준이 비교적 높은 가정을 중심으로 증가하기 시작하였다. 1990년대 중반 丁克가정과 관련한 설문조사에 따르면, 무자녀 생활방식을 선택한 주원인은 다음과 같다.

첫째, 중국의 인구문제에 대한 우려

둘째, 부담 없는 생활을 즐기기 위함.

셋째, 자아실현을 위한 것.

이처럼 중국에서 丁克가정이 증가하자, 이와 관련된 새로운 신조 어들이 또한 생성되었는데, 예를 들면 다음과 같다.


* **丁忧**: 丁克족 가운데 아이를 낳고 싶지만 동시에 자녀를 양육하 는 것에 큰 부담을 느끼고 걱정을 하는 부부.

  출처: 现在讲丁克, 又叫丁忧一族, 处于忧虑的状态, 徘徊的状态, 一方面想要, 一方面又想继续当初的选择, 处于忧心忡忡的 状态, 是的自己的生活质量都受 到很大的影响(2009年 2月 14日 北京人民广播电台《博闻天下》).

* **丁克ed**: 생물학적 이유로 어쩔 수 없이 딩크 생활방식을 받아들 인 사람을 가리키는 말(영어에서 피동형을 나타낼 때 동사의 원형에 ed를 붙임).

  출처: 不经意间, 我们熟知的"丁克"一词已经繁衍出"铁丁", "丁 宠", "丁克ed", "丁忧", "仿丁" 等成员(《北京青年报》 2009. 12. 22).

* **丁克ing**: 결혼 후 변함없이 계속해서 딩크 생활방식을 고수하고 있는 부부를 가리키는 말(영어에서 진행형을 나타낼 때 동 사의 원형에 ing를 붙임).

* **铁丁**: 확고부동한 딩크족을 가리키는 말로, 중국어에서 "铁"는 형용사로 쓰이며 확고하여 흔들림이 없음을 나타낸다.

* **丁宠**: 애완동물을 자식 삼아 기르면서 자녀를 원하지 않는 가정.

* **仿丁**: 자녀 양육의 책임을 부모에게 모두 떠넘기고 마치 丁克 부

부처럼 자신들만의 세계를 즐기는 가정.

  * 白丁: 몇 년 또는 십수 년의 딩크 생활 후 자발적으로 이 생활을
    포기한 사람을 가리키는 말.


이상의 丁克와 관련된 일련의 신조어들을 분석해보면, 우선 1990
년대 이후 대도시를 중심으로 높은 교육을 받고 사회에서 고수익을
창출하는 젊은 남녀가 결혼을 한 뒤, 자녀 양육에 대한 부담을 줄이고
대신 자아실현을 하기 위하여 자녀를 낳지 않는 현대 중국사회의 일
면을 엿볼 수 있다.

  또한 丁克와 관련된 신조어들은 중국 사회의 젊은 부부들 중에 자
녀를 낳지 않고 계속 丁克족을 유지하는 경우도 있지만, 丁克족을 포
기하고 자녀를 낳는 부부도 있음을 알 수 있으며, 또한 丁克족은 아니
지만 마치 丁克족인냥 자녀 양육을 부모에게 떠맡기고 자신들만의 자
아실현에 몰두하는 젊은 부부도 있음을 알 수 있다.

  이러한 예를 중국 언어학적으로 많은 연구 가치를 지닌다. 즉 한
자의 뛰어난 조어능력으로 인하여 다양한 방법으로 새로운 어휘를 끊
임없이 만들어내는 중국언어의 특징이 신조어의 구성 방법에도 그대
로 적용되고 있기 때문이다.

# Ⅲ장 신조어의 생성 요인

3장에서는 신조어의 생성 요인을 크게 사회발전 요인, 심리 요인, 그리고 언어자체의 발전 요인으로 나누어 살펴보고자 한다.

## 1. 사회발전 요인

### 1) 새로운 사물과 개념의 출현

사회가 변화하고 발전하면 새로운 사물과 새로운 개념이 대량 생성되는데, 명명할 이름이 없으면 언어와 사회구조간의 긴장과 모순이 생겨나며, 이러한 긴장과 모순은 언어의 발전과 변화를 촉진하여 신조어가 생성되는 중요 기반이 된다.

## 2) 사유 능력의 향상

인간의 사유능력은 끊임없이 향상되고 풍부해지며 복잡해지는 가운데 인식하지 못하던 것을 인식하게 되어, 그에 따른 신조어가 대량으로 생성되게 된다. 물론 인식하지 못하던 것을 인식하고 사유능력이 풍부해지고 복잡해지는 것 또한 사회의 신속한 발전으로 인하여 초래된 것이다.

## 3) 사회발전의 가속화

사회의 변화 속도가 빨라지고 현대 사회의 언어사용이 가급적 가장 적은 형태로 나타내려는 경향은 많은 축약어의 생성을 촉진하였다.

현대 사회에서 급증하는 정보의 양을 일시에 수용하에 따라 많은 신조어가 생성되었고 빠르고 간단함을 추구하는 사회의 수요 아래 생성된 신조어를 축소화시킨 단어가 많이 만들어졌다.

예를 들어, '超級市場'을 '超市'로, '體育鍛鍊'을 '體鍛'으로 줄이는 방식이다.

### 4) 외래문물의 영향

각 민족간의 문화나 경제교류가 활발해 짐에 따라 언어도 서로 영향을 주고 받는데, 이러한 과정에서 많은 외래어가 생성되었다. 신중국 성립 당시에는 舊소련과의 우호적인 관계로 인하여 소련어의 영향을 받은 신조어가 많이 생성되었으나, 개혁개방 이후 서구와의 문물교류가 활발해 지면서 영어를 음역 또는 의역하여 만들어진 신조어가 대폭 확대되었다.

## 2. 심리 요인

사회의 변화는 사회 구성원들의 심리현상과도 관계가 있다. 즉 사람들은 남들보다 우아하고 소상한 언어를 사용하여 표현하고자 하는 심리와 현재 사용되고 있는 어휘가 있더라도 새로운 말을 사용하여 표현하려고 한다. 심리 요인을 郭伏良의『新中國成立以來漢語詞彙發展變化研究』[2]에서 분류한 세 가지 측면에서 살펴보면 다음과 같다.

### 1) 우아함을 추구하는 심리

신중국 성립이후 문맹퇴치운동이 진행되면서 문화와 교육수준이

---

2 河北大學出版社, 2001. 10-13쪽 참조.

향상되었다. 이에 따라 사람들은 보다 우아하고 교양 있는 언어를 선호하게 되었고, 비교적 완곡한 표현으로 말하려고 하였다. 이에 기존에 사용하던 언어를 대체하는 새로운 신조어가 만들어지게 되었다. 예를들어 '后進'이란 단어로 문화수준이나 경제수준이 떨어진 사람을 지칭하였고, '榮譽軍人'이란 단어로 부상당한 사람을 칭했으며, '新婦女'를 사용하여 부르기 꺼려지는 창녀를 대신 호칭하게 되었다.

### 2) 새로움을 추구하는 심리

새로운 것을 추구하는 심리는 어휘 영역에도 변화를 가져와 많은 신조어가 생성되었다. 특히 개혁개방 이후 사물 명칭의 변화 속도는 더욱 빨리 진행되었는데, 예를들어 '理髮店'은 신중국 성립 이후 30여 년간 사용되었지만, 80년대 이후부터는 '髮廊'이나 '髮室'로 사용되었고, 이후에는 다시 '美容廳'으로, 다시 '洗頭城'으로 여러 번 변화의 단계를 겪게 되었다.

### 3) 간단함을 추구하는 심리

사화가 변화 발전하면서 시간을 줄여서 말을 하고자 하며, 글을 쓸 때도 함축적인 구조를 사용하여 자기가 표현하고 싶어하는 것을 나타

낸다. 축약어는 사회의 변화에 따라 생성되었고, 또한 사회심리상태
의 반영에 의해서도 생성되었다. 특히 한어병음자모를 이용하여 축약
어를 많이 만들었는데, 예를 들어 'GB'는 '國家標準', 'ZL'은 '專利',
'GMB'는 '公路美化標準'이라는 뜻이다.

## 3. 중국어 자체의 발전 요인

### 1) 단음절의 다음절화

본래 중국어의 가장 큰 특징 중의 한어는 단어음절(Mono-Syllabic
Language)라는 것이다. 즉 의미를 지난 가장 작은 단위가 글자라는 뜻
이다.

그러나 사회가 점차 발전하면서 단음절만으로 새로 생성되는 많은
어휘들을 감당할 수 없었고, 이에 따라 점차 다음절어가 생성되게 되
었다. 현재는 약 90퍼센트 이상의 어휘가 다음절어이다.

이렇게 다음절어가 만들어지는 과정에서 한자의 조어능력은 크게
빛을 발하여 새로운 단어, 즉 신조어를 대량으로 만들어냈다.

### 2) 어휘의 간략화

사회가 계속 발전해 오면서 언어의 내포적 의미 역시 필연적으로
확대될 수밖에 없었다. 정확하고 착오 없이 자신의 생각을 전달하고

의사소통을 하기 위해서는 긴 형태의 단어를 사용해야 하지만, 어휘를 간략하게 축소하여 표현고자 하는 언어 속성에 의하여 긴 단어를 간단하게 줄여서 사용하였고, 이 과정에서 많은 신조어가 생성되었다. 예를 들어 '國家語言文字工作委員會'는 '語委'로, '師範學院'은 '師院'으로, '人事保衛'는 '人保'로 간략화하여 사용한다.


### 3) 언어의 형상화

정보전달의 효과를 높이려면 상대방에게 깊은 인상을 주어야 한다. 따라서 모든 언어는 형상화의 자체요구가 존재한다. 申小龍은 "한족의 추상적인 사유는 종종 형상과 섞여 있기 때문에 한어의 어휘가 객관적인 사물을 추상적으로 나타내는 어의도 필연적으로 구체적인 형상서을 지니고 있으며, 이런 의미에서 한어는 일종의 예술적 민족언어라고 말할 수 있다"[3]고 하였다.

신조어 중의 일부도 이러한 형상화의 수요를 만족시키기 위하여 탄생하였는데, 예를 들어, '龍頭廠'이라고 말하는 것이 '起帶頭作用的工廠'(가장 앞선 기술력을 가진 공장)이라고 말하는 것보다 간단명료하고 기억하기 쉽고, '浮動工資'(유동성 월급)이라고 말하는 것이 '可隨時變動的工資'(수시로 변할 수 있는 월급)라고 말하는 것보다 더욱 구체적이다.

---

3 申小龍, 『中國文化語言學』, 吉林敎育出版社, 1990, 47쪽.

## 4) 어의의 변화

어의 자체의 발전규칙은 기존 어휘로 하여금 새로운 의미를 내포하게 하였다. 어의의 확대, 축소 및 변화는 어의 발전의 고유한 규칙이다. 바로 이러한 규칙이 일부 기존의 단어로 하여금 완전히 새로운 의미를 내포하게 하였다.

새로운 단어로서 새롭게 변화하는 생활을 반영해야 하지만, 만약 새로운 사물과 현상이 출현할 때마다 새 단어로 나타내기 위해서는 엄청한 수의 신조어가 필요할 것이다. 신조어의 수가 많아지면 그것을 다 기억할 수 없기 때문에 이전에 사용하던 단어를 이용하여 새로운 뜻을 나타내는 방법이 필요하며 이 과정에서 어의의 변화에 따라 신조어가 탄생하게 되었다.

# IV장 신조어 분석의 예

- 80后 관련 신조어 분석을 통하여
신조어의 함의와 사회 · 문화적 배경을 함께 이해

4장에서는 신조어를 통해 어떻게 현대중국의 사회·문화 제방면을 해석할 수 있을까에 대한 이해 단계로, 《21世纪华语新词语词典》에 수록된 신조어와 중국 인터넷 포털 사이트(http://www.baidu.com)에 수록된 신조어 중에서 현대중국의 젊은이들과 관련된 신조어를 취합하여, 이들 신조어가 가지고 있는 함의를 분석함으로써, 현대 중국의 젊은이, 즉 80后의 사회·문화 제방면을 이해한다.

즉 1970년대 말부터 중국에서는 인구억제정책의 일환으로 '한 가구 한 자녀 낳기'를 시작하였다. 이후 출생한 아이들은 多産을 중시하던 중국사회에서 온갖 사랑을 독차지하며 '꼬마황제', 즉 '小皇帝'라 불렸고, 이들이 주로 80년대 이후 출생하였다고 하여 '80后'라고도 칭해진다.

인구노령화와 인구 감소 등의 이유로 중국정부는 2015년부터 '한 가구 두 자녀 낳기'를 허용하고 있지만, 이들 80后들은 약 35년간 중국에서 태어나 성장하고 성인이 되는 과정에서 각종 예전에 없던 새로운 사회·문화 현상을 야기하였고, 이에 따라 이들과 관련된 신조어 역시 다량으로 造語되었다.

본 연구는 첫 단계로서 소위 '80后'라 칭해지는 신세대와 관련된 신조어를 취합하여, 이들 신조어의 생성 배경 및 새로운 의미를 분석함으로써, 현대 중국사회에서 이들 '신세대'를 바라보는 시각이 어떠하며, 이들이 중국사회에 미친 영향을 어떠했는가에 대해서 분석하였다.

### 白富美[báifùměi]

新义는 흰 피부에 돈이 많고 집안 좋은 예쁜 여자를 뜻한다. 즉 白는 피부가 하얗고, 富는 경제력이 있으며, 美는 예쁜 여자를 말하는데, 현대판 '퀸카'를 지칭한다.

중국의 경제성장이 급속도로 이루어지면서 도시와 농촌 간의 소득 격차가 커지고, 도시 안에서도 빈익빈부익부의 현상이 심화되면서, 소위 1등 신부감의 가치기준도 바뀌어 이제는 이런 여성들이 최고의 신부감으로 꼽힌다. 高富帅의 여자버전이라 할 수 있다.

## 摆婚族[bǎihūnzú]

新义는 결혼을 할까 말까 망설이는 사람들을 가리키는 말이다.

2010년 6월에 개봉한 영화《摇摆de婚约》에서 나온 단어로, 그 영화는 여자 주인공이 두 명의 남자 주인공을 놓고서 결혼을 해야 할지, 말지를 갈등하는 내용을 그렸다. 현대 중국사회에서 젊은이들은 사랑하는 대상이 있으면서도 결혼에 따르는 비용 및 결혼 이후의 출산, 육아 등에 부담을 느끼고, 결혼을 망설이는 남녀가 많아지고 있는데, 이들을 지칭할 때 사용하는 신조어로 활용되고 있다.


## 白金汉[báijīnhàn]

新义는 머리가 똑똑하고 계속 노력하여 자신의 힘으로 성공하는 남자를 가리킨다.

鳳凰男보다는 품위가 있고, 暴發戶보다는 학력이 높으나, 富二代처럼 부모의 도움을 받지는 않는다.

2010년 腾讯网(QQ.com)에서 누리꾼들은 白金汉[4]에 대한 토론했고, 이후 白金汉이라는 대상이 많은 젊은이들의 roll-model이 되면서 이 단어가 유행하게 되었다.

---

4 白金漢 영어학교는 2004년 11월에 복건성에서 설립되었고, 부단한 노력을 통하여 현재는 중국 전역에 분포하고 있다.

### 抱抱团[bàobàotuán]

新义는 공공장소에서 낯선 사람에게 포옹을 요구하는 젊은이 단체를 지칭한다.

서양의 Free Hugs를 중국에 도입한 사람은 장사(长沙)의 才子豪라는 젊은이로, 장사에서 이 같은 단체를 결성하여 2006년 10월 21일 오후 1시부터 거리에 나와 프리허그를 시작했고 이후 전국으로 확산되었다. 중국 현대 젊은이들의 문화를 알 수 있는 신조어라 보인다.

### 抱伯[bàobó]

新义는 고학력, 고수입으로 생활을 향유하며 문화 활동도 추구하면서, 독립의식을 갖춘 사람을 가리킨다. 영어 Bobo[5]의 음역이다.

### 煲电话粥[bāodiànhuàzhōu]

新义는 "전화기를 붙들고 살다", 즉 전화로 장시간 한담하다는 것을 가리킨다.

煲는 광동식 요리방법 중 장시간 끓이는 것을 의미하는데 직역하

---

**5** bourgeois와 bohemian 두 단어를 합쳐 이루어졌고, 주로 성공적인 커리어와 재력을 갖췄으며 문화적인 생각과 미술품을 선호하는 사람을 지칭한다.

면 "장시간 전화 죽을 끊이다"라는 의미로, 요즘 젊은이들이 휴대폰을 손에 들고 사는 현상을 풍자한 신조어이다.


## 备胎[bèitāi]

글자 자체의 의미는 '스페어로 달고 다니는 타이어'이나, 新义는 남자가 일방적으로 여자를 사랑하는데 여자가 그 남자를 필요할 때는 찾고 필요 없을 때는 마지못해 상대하는 것을 지칭한다.

남자는 그 같은 사실을 알고 있으면서도 언제든지 여자가 시키는 대로 행동하는 현상이다. 주로 白富美와 같은 여성 주변에 이 같은 남성들이 많으며, 새로운 신세대 연애 풍조를 풍자한 신조어이다.


## 炒鱿鱼[chǎoyóuyú]

글자 자체의 의미는 '오징어 볶음'이지만, 新义는 '해고하다', '자르다' 등으로 쓰인다. 중국에서는 직장에서 해고되거나 잘리면 "이부자리를 둘둘 말다"라고 말하는데, 요즘 사람들은 오징어 볶음 요리를 보고 요리된 오징어 모양도 이부자리처럼 둘둘 말린다는 것을 인용하여 요즘은 직장으로부터 해고당하면 "이부자리를 둘둘 말다"라는 말 대신 "오징어를 볶았다"라고 말한다. 최근 중국도 취업난이 심각해지고, 취업을 하더라도 오래지 않아 정리해고 당하는 사례가 급증하면서 생겨난 신조어이다.


### 打酱油[dǎjiàngyóu]

글자 자체의 의미는 "간장을 사러 간다"이나 新义는 인터넷 용어로 "오리발을 내밀다", "자기와 상관없다" 등의 의미로 쓰이고 있다.

이 말은 2008년 화재사건 현장에서 기자가 tv인터뷰 중 시민에게 당시 발생한 사건에 대한 의견을 묻자 그 시민이 "저는 그냥 간장 사러 왔는데요"라고 말한 것에서 유래되어 지금은 '관심 없이 지나가다', '자신과 상관이 없다' 등의 의미로 바뀌게 되었다. 최근 중국 젊은이들 사이에서 남의 일에 상관하지 않고, 자신의 일만을 소중히 여기는 세태를 풍자한 신조어로 보인다.


### 独一代[dúyídài]

新义는 1970년대 말 중국의 산아제한정책 실시 이후 중국에서 태어난 일세대의 외아들, 외동딸을 지칭한다. 이들이 성장하여 혼인하여 출산한 아이들은 獨二代라고 부른다.

**房奴[fángnú]**

新义는 은행 대출을 받아 무리하게 주택을 구입한 후 대출금 상환 때문에 궁핍한 생활을 하는 사람을 말한다. 이와 비슷한 신조어로 車奴는 자가용 구입의 대가로 어렵게 생활하는 사람을 말하는데, 최근 소득증대의 영향으로 자동차 소비가 급증한 현상을 묘사하고 있다.

**凤凰男[fènghuángnán]**

新义는 산골짜기에서 나온 우수한 인재를 가리킨다. 농촌의 빈곤한 출생으로 힘들게 대학을 졸업하고, 졸업한 후에 도시에 남아 일하며 생활하는 성공한 남자를 일컫는다. 주로 孔雀女들이 鳳凰男을 선호하는 현상이 있다.

**高富帅[gāofùshuài]**

新义는 키가 크고 돈도 많고 잘생긴 남자를 가리키는 말이다. 인터넷에서 유행하기 시작한 신조어로 '高'는 키가 크다, '富'는 돈이 많다, '帅'는 잘생겼다는 뜻이다. 즉 키가 크고 돈이 많고 외모가 준수한 남자를 표현한 단어로 인기가 많은 '킹카'를 지칭한다. 반대말은 키가 작고 가난하며 못생긴 남성을 뜻하는 '矮穷矬'이다.


### 干爹[gāndiē]

本义는 '义父(수양아버지, 의부·대부(代父)'의 속칭이나, 新义는 젊은 여성에게 집과 돈을 지불하고 장기간 성관계를 유지하는 여성의 아버지 연령과 비슷한 중년남자를 가리키는 신조어로, 최근 중국의 경제성장과 함께 황금만능주의가 팽배하면서 이러한 직업을 스스로 택하는 젊은 여성이 많아지고 있는 추세이다.


### 高分低能[gāofēndīnéng]

新义는 시험 점수는 높지만 실제 능력은 부족함을 뜻한다. 즉 공부는 잘하지만, 인간관계에 미숙하거나 사회생활 경험이 없는 사랑들을 가리킨다. 최근 중국에서도 학력 중심의 사회분위기가 조성되면서, 좋은 학력을 지니고 훌륭한 스펙을 갖춘 젊은이들이 사회에 진출하지만, 의외로 개인의 적응 능력과 문제 해결 능력이 부족한 젊은이가 많다고 하며, 이러한 세태를 반영한 신조어이다.

公主[gōngzhǔ]

本义는 '공주'이나 新义는 술집이나 바(Bar)에서 근무하는 여성을 가리킨다. 현대 중국에서 경제성장에 따라 이러한 유흥업소들이 음성적으로 발전하고 있는데, 이러한 업종에 종사하면 쉽게 돈을 벌려는 젊은 여성들이 많아지면서, 이들을 풍자적으로 公主라고 부르는 현상이 생겨났다.


官二代[guānèrdài]

新义는 정부 및 국가기업의 고급관리들의 자녀들을 지칭하며, 이들은 고위관직자의 후손으로서 손쉽게 각종 권리를 얻을 수 있는 동시에 취업도 쉽게 한다. 최근 중국에서 이와 같이 고위 관리직의 자녀들이 부모들의 후광에 힘입어 본인들의 능력보다 훨씬 더 좋은 직장을 얻거나 각 종 권리를 향유하는 현상이 심해지면서 생겨난 신조어이다. 이와 함께 이러한 부모로부터 부유함을 대물림한 신세대를 富二代라고 칭한다.

## 过学死[guòxuésǐ]

新义는 학생들이 지나친 학습에 따른 과로로 인해 급사하거나 심한 학업 스트레스로 인해 자살하는 사회현상이 급증하면서 이러한 신조어가 생성되었다.

중국의 경우, 211대학, 혹은 중점대학에 진학하기 위하여 중학교부터 강도 높은 학습을 학생들에게 요구하며, 이같은 현상은 청소년들에게 과도한 스트레스를 주고 있다. 이러한 활동의 부작용이 급증하고 있으며, 過學死는 過勞死와 함께 주요한 사회 이슈가 되었다.


## 海龟[hǎiguī]

本义는 '바다거북'이며, 新义는 해외 유학을 마치고 귀국하는 유학생을 가리킨다.

유사한 신조어로 海归派[hǎiguīpài]가 있는데, 海归派는 국내에서 공부하고 일하는 본토의 인재와 반대되는 말로, 해외에서 공부하고 경험을 쌓은 유학파 귀국 인재 즉, 국외에서 하이테크 영역의 기술 우세를 접한 인재를 말한다.

海归의 원래 뜻은 '유학생이 외국 유학 후 귀국하다'인데 새로운 뜻은 '해외에서 유학을 하거나 일을 하다가 돌아온 사람'을 뜻하고 있다.

海归派의 유래는 홍콩이 중국으로 반환되었던 1997년을 시작으로 많은 해외유학생들이 홍콩으로 돌아와 취업하기 시작했고, 몇 년 후, 중국 대륙으로 발걸음을 옮기고, 중국 대륙의 IT분야의 중심에 대거 포진하게 되었는데 그때 이 뜻(해외에서 유학을 하거나 일을 하다가 돌아온 사람)으로 바뀌게 되었다.

최근 중국에서는 고등학교부터 해외에서 수학하는 조기 유학이 붐을 맞고 있으며, 이들은 대부분 해외에서 대학에 진학한다. 대학 졸업 후에 과거에는 현지에서 직장을 구하는 사례가 많았으나, 최근에는 중국 내 기업의 연봉이 해외 기업의 수준에 까지 올라가면서, 유학을 마치고 직장을 구하기 위하여 귀국하는 유학파가 많아지고 있다.


## 酒托[jiǔtuō]

新义는 젊은 여성 중에서 출중한 미모로 남자를 유혹하여 본인이 지정한 술집이나 노래방 같은 장소로 이끌고 가서 남자를 구슬리거나 강제적으로 높은 소비를 유도하는 여성을 지칭한다. 한국의 '꽃뱀'과 유사한 의미로 사용되며, 주로 도시에서 부유한 남성을 대상으로 금전을 갈취하며 생활한다.

## 空巢班[kōngcháobān]

空巢의 본래 의미는 '빈 집', '빈 보금자리'이나, 新义는 일부 고등학교 졸업반에 나타는 현상을 지칭한다. 즉 고등학교 3학년 학생들이 해외유학 등의 이유로 수업을 빠져 교실이 텅 비는 현상을 가리킨다. 최근 중국에서도 대학을 해외로 진학하는 학생들의 수가 증가하면서 이 같은 현상이 생겼고, 이러한 현상을 나타내기 위하여 空巢班이란 신조어가 생긴 것이다.

## 孔雀女[kǒngquènǚ]

新义는 대도시에서 자라 어릴 때부터 어리광을 부리는 부유층의 딸을 가리킨다.

부모의 지나친 자식사랑으로 고생을 해본적도 없고 금지옥엽처럼 떠받들어 자란 아가씨이며, 좋은 것만 입고 먹고 눈치와 아부와 필요 없이 풍요로운 생활을 누리기만 하면 된다. 따라서 일부 孔雀女들은 금전의 중요성을 알지 못하며, 이에 따라 배우자를 고를 때 남성의 경제력 보다는 남성 자체의 능력과 가정에 대한 책임감을 중요시한다. 왜냐하면 남성의 능력만 있으면 풍족한 생활을 영위할 수 있다고 생각하기 때문이다. 따라서 孔雀女들 중 상당수는 鳳凰男을 배우자로 선택하는 경향이 있다.

**老婆迷[lǎopómí]**

新义는 아내를 끔찍이도 사랑하는 남성을 가리킨다. 이 같은 신조어는 현대 중국사회에서 여성의 사회진출이 급증하고, 이에 따라 고수익을 창출하는 주부가 많아지면서, 이러한 아내를 위해 외조를 아끼지 않는 남편들이 늘어나면서 생긴 것이다. '~迷'는 球迷[6]와 동일한 형식으로, 어떠한 대상이나 현상을 무척 사랑하는 일련의 무리를 나타낸다.

**乐活族[lèhuózú]**

新义는 건강하고 행복하게 삶을 영위하는 일련의 사람들을 지칭한다. 유래는 'LOHAS'로, 즉 Lifestyles of Health and Sustainability의 줄임말이다. 2008년 중국 청년 LOHAS의 문화 논단이 닝보(宁波)에서 열렸고, 여기서 乐活族이라는 생활 방식이 유행하게 되면서 신조어가 만들어졌다.

---

6 '축구를 열광적으로 좋아하는 사람들'이란 의미의 신조어이다.

## 临时工[línshígōng]

本义는 '임시 직원'이나, 현재는 '책임을 회피하다'라는 新義로 주로 사용된다.

공공기업이나 공무원들이 업무상의 과실을 범했을 때, 책임을 지지 않고, 책임을 회피하는 사회적 현상이 일어나자, '철밥 그릇'으로 불리던 이들 공무원들을 풍자하여 반대의 의미인 '임시 직원'으로 부르면서 정착된 신조어이다.

## 裸辞族[luǒcízú]

新義는 근무하던 회사를 그만두기 전에 그 다음 일자리를 찾지 않고 갑자기 사직을 하는 현상을 가리킨다. 즉 직장 생활이 너무 힘들고 스트레스도 많이 받은 젊은이들이 裸辞[7]라는 행동을 많이 하기 때문에 이러한 신조어가 만들어졌다.

또한 2012년에 《北京青年》이라는 드라마 중에서 裸辞旅行이라는 말이 나오면서 더욱 유행하기 시작하였다.

---

7 '퇴직금 등을 받지 않고, 알몸으로 회사를 관두다'라는 뜻이다.

**裸婚[luǒhūn]**

新义는 집도 없고 자동차도 없고 심지어 결혼반지도 없는 상황에서 결혼하는 현상을 일컫는 말이다.

특히 1980년대 이후에 출생한 중국의 '80后' 사이에서 무 결혼식, 무 드레스, 무 반지, 무 신혼여행, 무 주택, 무 자동차 등으로 요약되는 '裸婚族'이 늘어나고 있다.

이들은 결혼에 필요한 경제적 능력이 없어 달랑 혼인신고만 하고 신혼생활을 시작하는 도시 젊은이들이 대부분이다.

중국 중산층재테크 포탈사이트 금증권은 무엇보다도 체면을 중시하던 중국인들의결혼문화가 변화하고 있다고 보도했다. 이 배경에 대해 금증권은 2005년 이래로 결혼비용이 매년 평균 40퍼센트씩 증가하는데 반해 들어오는 축의금에는 큰 변화가 없어, 많은 신혼부부들이 결혼식 후 일정 재정난을 겪으면서 생긴 현상이라고 분석했다. 금증권은 최근 2005년 이래 매년 10월 1일 5성급 호텔에서 열리는 결혼식 비용변화를 조사했다. 이에 따르면 2005년 결혼 피로연에서 테이블당 음식 가격은 1,180위안(약 20만 원)에서 2012년 3,000위안(약 54만 원)으로 매년 평균 26.63퍼센트씩 상승했다. 그러나 여기에 음료 및 주류, 세팅, 주례, 웨딩 촬영 등 기타 항목 비용이 더해지면, 매년 약 40퍼센트씩 증가한 셈이다. 특히 인건비와 원자재 가격 상승으로 결혼식 식비가 급상승하고 있다.

한 호텔업계 관계자는 중앙정부의 '8항 규정'으로 호텔 총 매출이 전반적으로 줄었으나, 결혼식 매출은 꾸준히 상승 중이라고 말했다. 이어 길일의 경우 몇 달 전 예약은 기본이며, 심지어 1년 전에 예약이 이미 끝나는 경우도 많다고 덧붙였다. 뿐만 아니라 고공행진 하는 결혼식 가격으로 인해, 최근 일종의 보증금을 내고 현 가격으로 미리 예약을 하는 사례도 늘고 있다고 전했다.

한국과 마찬가지로 중국도 하객들에게 받은 축의금으로 거액의 결혼식 비용을 충당한다. 금중권이 중국 난징시 사람들을 대상으로 설문조사를 한 결과 일반적으로 하객들이 내는 축의금은 200위안(약 3만5,000원)에서 1,000위안(약 18만 원) 사이로 나타났다. 그러나 결혼식 비용은 급상승하는데 비해 축의금 액수는 8년 전인 2005년과 별반 차이가 없다는 것이 문제이다.

상황이 이러하자 최근 젊은 부부들은 체면을 버리고 현실을 받아들이고 있다. 허울 좋은 결혼식은 과감히 던져버리고, 심지어 예물도 없이 혼인신고로 결혼식을 대신하는 신혼 부부들이 늘어나고 있는 것이다.

실제로 2013년에 결혼 적령기의 남녀 9,000명을 대상으로 한 인터넷 설문조사에서 는 남성의 75퍼센트는 裸婚에 찬성한다고 하였다.


**麦霸[màibà]**

麦는 마이크라는 뜻의 '麦克风'의 줄임말이고, 霸는 '맹주'나 '제왕'이라는 뜻이다. 新义는 두 가지로 주로 사용되는데, 첫째는 노래방에서 마이크를 가로채고 끝까지 노래를 부르는 사람을 지칭하는 것이고, 둘째는 노래방에서 노래를 잘 부르거나 모든 노래를 다 부를 줄 아는 사람을 말한다. 중국에서도 최근 노래방문화가 젊은이들 사이에서 유행하면서 이 같은 신조어가 생긴 것으로 보인다.

## 萌文化[méngwénhuà]

萌은 '싹이 돋다', '발아하다' 등의 의미이며, '문화가 발아하다'라는 萌文化의 新义는 일부 사람들 사이에 유행하는 문화현상을 지칭하는 것으로, 애니메이션의 미소녀 역할을 좋아하고, 애니메이션의 캐릭터 특징에 따라 치장하고 꾸미는 현상을 말한다. '코스프레'와 유사한 의미로 사용되는 이 신조어는 근래 중국에서 만화에 대한 관심이 무척 높아졌음을 반영한다.

## 男漫[nánmàn]

처음 이 신조어가 생겼을 때의 新义는 나이 들기를 거부하는 남성들, 즉 가정에 대한 책임의식 보다는 남자들끼리 어울려 놀기를 더 좋아하는 남성들을 지칭했고, 이후 온종일 보드 게임의 기술을 익히기 위해 애쓰는 젊은이들을 가리켰다. 최근에는 동성애가 아닌 남자들 간의 친밀한 관계를 말한다.


## 牛孩[niúhái]

新义는 어떠한 방면에서 실력이 뛰어나서 사람들을 탄복하게 하는 아이, 즉 '천재 아이들'을 지칭한다. 牛에는 원래 '소'라는 의미 외에도 '대단하다', '최고다'라는 의미가 있으므로, 이 같은 천재 아이들을 牛孩라고 부르는 것으로 보인다.


## 捏捏族[ni niuzú]

新义는 마트 등에서 전시되어 있는 각종 음식물을 손으로 부서서 불만이나 스트레스를 표출하거나 푸는 사람들을 지칭한다.

주로 화이트칼라 계층이 많으며 경쟁이 치열한 환경에서 주관적인 심리조절이 잘 안되어 마트 등의 상품을 학대함으로써 스트레스를 푸는 사람들이다. 이들은 상품을 망가뜨림으로써 쾌감을 느낀다고 한다. 최근 중국의 젊은이들 사이에서 이 같은 행동을 하는 부류가 급속히 늘어나고 있으며, 이와 관련된 노하우나 소감을 공유하는 사이트까지 생겨남으로써, 사회적으로 문제가 되고 있다고 한다.

求职红包[qiúzhíhóngbāo]

红包는 예로부터 축의금·세뱃돈 등을 넣는 붉은 종이봉투를 지칭하거나 특별 상여금, 보너스, 용돈, 뇌물 등의 의미로 활용되어 쓰였다. 求職紅包는 일부 학교에서 학생들이 외지에 가서 직업을 구하 것을 격려하기 위해 제공하는 보조금을 일컫는 신조어로, '학생들이 스승에게 주는 감사의 선물'이란 의미의 感恩红包의 형식을 빌려 새로 만든 단어이다.

최근 중국도 구직난이 심하여 사회 문제가 되고 있는데, 이처럼 일부 학교에서는 졸업생들의 구직활동을 돕기 위하여 경제적인 지원을 하고 있다고 한다.


三瓶女人[sānpíngnǚrén]

三瓶이란 화병, 식초병, 약병을 지칭한다. 즉 젊은 여성 중에서 미모는 출중하나 재능이 없는 여성은 화병이라고 하고, 질투가 심한 여성은 식초를 잘 마신다고 비유한다. 이처럼 능력은 없고 외모만 예쁜 여성이 젊은 시절엔 화병처럼 주위의 시선을 끌고 살다가 결혼 후에 식초병처럼 질투심만 강하며, 노년에는 병을 얻어 약병을 끼고 산다는 것을 풍자한 신조어이다.

알리바바 그룹의 馬雲 회장이 2013년 12월 7일, 한 강연회에서

"三甁女人이 되지 말고, 여성도 능력을 겸비해야 한다"라고 얘기한 이후 널리 사용되는 신조어가 되었다.


### 闪婚[shǎnhūn]

闪(번쩍일 섬)과 婚(혼인 혼)자가 결합하여 만들어진 신조어로 바쁜 현대인이 연애할 시간도 없이 만나자마자 결혼부터 하는 중국의 신풍속을 일컫는 말이다. 이러한 결혼은 상대에 대한 정확한 이해 없이 즉흥적으로 이루어지는 경우가 많아서 또한 높은 이혼율과 연계된다.[8]

闪婚族이 늘어나는 이유에 대해서는 두 가지 해석이 있는데, 하나는 경제 불황과 외부 환경의 변화로 마음이 조급하고 불안하여 정서적인 안정을 찾고자 급하게 반려자를 찾기 때문이라는 것이고, 다른 하나는 돈만 있으면 사랑도 이룰 수 있다는 금전적인 사고방식이 원인이라고 분석하기도 한다.


### 剩女[shèngnǚ]

新义는 나이가 많은데도 불구하고 눈이 높아서 결혼을 하지 못하거나 하지 않는 여성을 지칭한다. 이들 골드미스들은 학력이 좋고 높

---

8  결혼한 지 얼마 안되어 급하게 이혼하는 현상은 '번개 이혼', 즉 闪离라고 한다.

은 수입과 안정적인 직장이 있으며, 출중한 외모로 자유로운 연애도 한다. 單身派라고도 불리는 이들 剩女는 '3S女人'이라고도 불리는데, 3S는 Single, Senenties[9], Stuck을 말한다. 2009년, 통계에 따르면 북경의 剩女는 대략 55만 명을 돌파했으며, 일반적으로 28세 이상의 여성들이 해당된다. '剩女'가 양산되는 이유는 중국 여성의 고정 관념이 원인으로 꼽히는데, 즉 결혼 적령기의 남성은 여자보다 연령, 키, 학력, 연봉 등 네 가지가 높아야한다는 '四高'이다.

## 失独家庭[shīdújiātíng]

新义는 외동아들이나 외동딸이 불의의 사고로 장애가 생기거나 사망했을 때 부모가 자식을 더 낳지 않고 자녀를 입양한 가정을 가리키는 말이다.

## 随女[suínǔ]

新义는 똑똑하고 부지런하며 어려움과 고통을 이겨 내고 또한 침착하고 솔직한 여성을 가리킨다. 海慧儿라는 작가가 《傍富者》라는 여성주의 관련 책을 쓰면서 剩女와 상반되는 의미로 사용한 이 신조

---

9 이들 대부분은 1970년대 말에 태어났기 때문에 Senenties라고 한다.

어는 여성도 어려움을 당하더라도 포기하지 않고 자신감을 가지고 열심히 살아야 한다는 의미를 담고 있다.


### 同志[tóngzhì]

本义는 '동지'이나 新义는 게이, 남성 동성연애자를 지칭한다.

同志가 이 같은 신조어로 사용되기 시작한 홍콩이며, 지금은 중국과 대만에서도 게이를 일컫는 말로 사용된다. 1989년 홍콩게이영화제(香港同志电影节)에서부터 처음 사용되었고, 21세기 이후 확산되기 시작하였다.


### 我一代[wǒyídài]

新义는 자기중심적 사고를 가진 현세대를 표현하는 신조어이다. 자기주장이 강하고 자기 자신 또는 관련 집단의 이익 외에는 무관심하고 자신의 욕구 충족만을 바라는 현대의 젊은 층을 풍자하여 사용하는 말이다. 중국에서는 주로 80년대 이후 태어난 외동아들, 외동딸을 지칭하는데, 영어의 'not me generation'[10]을 '以自我中心的一代'

---

10 잘못되면 모두 남의 탓으로 돌려 책임을 전가하기에 바쁜 사람들을 지칭하는 신조어로, 서구 사회에서 50년대 베이비 붐 세대에 태어난 자기 몫만 챙기는 '미 제너레이션 세대'의 또 다른 신조어이다. 예를 들면 자녀들의 성적 저하는 학교 탓, 난폭하고 산만한 성격은 할리우드 영화와 TV 탓, 자동차 산업의 사양은 일본 탓, 일자리 부족은 소수 민족 탓 등으로 돌린다.

로 번역한 후 이를 간단히 축약하여 我一代라 칭한다.

## 鴨梨[yālí]

本义는 오리와 (과일) 배이다. 新义는 스트레스가 많음을 나타낸
다. 즉 학업과 취업에서 경쟁이 치열해지고 물가와 일에 대한 스트레
스가 커지면서 젊은 층은 영어 이름 알렉산더의 음역인 '亚历山大'를
2010년부터 '스트레스가 산처럼 크다'는 뜻의 '压力山大'로 썼다. 원래
스트레스는 '压力'로 쓰지만 인터넷 상에서는 발음이 유사한 '鴨梨'로
쓰는 것이 유행하고 있다.

## 养牛[yǎngniú]

本义는 '소를 기르다'이지만, 新义는 '养牛仔裤'라는 뜻으로 청바
지를 패트(pet)처럼 여기면서 오랫동안 세탁하지 않는다는 의미이다.

50년대부터 미국에서 출발한 청바지문화는 도시의 젊은 층을 중
심으로 전국으로 급속도로 확산되었다. 청바지문화를 숭배하는 젊은
이들은 마음에 들면 가격이 비싸도 사게 되는데 청바지는 자주 갈아
입을 필요가 없다는 점이 특징이다. 청바지를 빨지 않고 오래 입게 되
면 점점 몸에 맞는 자연스러운 주름과 탈색이 되면서 나만의 청바지

가 만들어지게 된다. 이것이 바로 养牛의 진정한 의미이다. 일본 젊은 이들의 미국 따라 하기로 인해 养牛현상은 80년대부터 일본에서 큰 선풍을 일으켰고 현재는 중국에까지 상륙하게 되었다.

유사한 신조어로 '청바지를 매우 좋아하는 사람'을 牛迷라고 한다.

## 微公益[wēigōngyì]

新义는 아주 작은 기부금과 기부 물자를 거두는 봉사행위를 말한다. 즉 '티끌 모아 태산'이라는 정신으로, 최근 중국에서는 기부금 모집자나 일반 시민들이 기부금과 기부물자를 거두는 데 한 번에 많이 기부하는 대신 아주 조금씩 매일 기부하는 방식으로 한다. 예를 들어 사람들이 생수 한 병을 사면 1分은 재해 지역에 기부하고, 신문 한 장을 사면 1毛는 희망학교 건설에 기부하는 방식이다. 2013년 3월 14일, 전국의 대학생들이 주체가 되어 青年志願者協會를 결성하였고, 이 협회처럼 미약한 힘으로 기부하는 행동을 微公益이라고 부르게 되었다.

## 蜗婚[wōhūn]

글자의 뜻은 '달팽이 혼인'이나, 新义는 부부가 이혼한 후에도 같이 한 집에서 사는 현상을 지칭한다. 즉 요즘 젊은이들이 결혼한 지

얼마 안 돼서 이혼하는 경우가 많아지고 있는데, 이혼한 후에 집을 어떻게 나누느냐 하는 것이 문제가 되었다. 왜냐하면 결혼할 때 보통 양쪽 부모가 반반씩 돈을 모아서 집을 샀기 때문이다. 최근 중국의 집값이 큰 폭으로 급등했기 때문에 이혼을 하고 집을 팔아도 반쪽의 돈을 가지고서는 다시 집을 살 수가 없다. 따라서 이혼 후에도 집을 팔아 돈을 나누지 않고, 그냥 같은 집에서 사는 이혼 부부가 늘고 있고, 이러한 세태를 반영하여 蜗婚이라는 신조어도 유행하게 되었다.

### 午动族[wǔdòngzú]

新义는 젊은 직장인들 가운데 점심 쉬는 시간을 이용하여 자기 개발을 위하여 독서를 하거나, 각종 양성반이나 외국어 수업을 듣는 등 자신을 재충전하는데 점심시간을 활용하는 사람들을 일컫는다.

이러한 신조어를 통하여 현재 중국의 젊은 직장인들이 회사 내에서의 경쟁이 치열하며, 보다 좋은 직장을 구하여 부단한 노력을 하고 있음을 알 수 있다.

### 橡皮婚姻[xiàngpíhūnyīn]

新义는 실제로는 원만한 결혼생활을 하고 있지 못하지만, 마치 행복한 결혼생활을 하는 것처럼 가장하는 부부들을 지칭한다. 이들은 사회적 지위와 체면 때문에 주변의 시선을 의식하여 공개적인 곳에서는 행복한 부부인 것처럼 행세하지만, 실제로는 부부가 서로 상대방에게 관심도 없고 이야기도 나누지 않으며, 간섭 없이 그냥 동거하는 사이를 유지한다. 한국어 신조어 중 '쇼윈도 부부', '디스플레이 부부'와 대응되는 신조어이다.

## 学霸[xuébà]

新义는 열심히 공부에만 집중하고 시험을 잘 치는 학생, 또한 중요한 시험을 치루기 전에 밤새 침식을 잊을 정도로 공부하는 학생을 가리킨다.

즉 '学'는 공부라는 뜻이고 '霸'는 '맹주', '제왕'이라는 뜻이므로, '공부의 제왕'이라는 의미로 学霸라는 신조어가 생성되었다. 한국어 신조어의 '공신'[8]과 유사한 신조어이다.

## 亚婚姻[yàhūnyīn]

新义는 법적으로 이미 결혼한 사이인데도 서로 사랑하지 않은 상

---

8 '공신'은 '공부의 신'의 줄임말이다.

황을 가리키는 말로, 여기서 '亚'는 '버금가다'라는 뜻으로 쓰인다. 즉 결혼은 결혼이지만 완벽한 결혼은 아니라는 뜻이다.

현대를 살아가는 중국 사람들은 여러 가지 스트레스를 받고 있으며, 결혼에 대해서도 사랑만으로 결혼하는 것에 대해서 비관적인 입장을 갖는 경우가 많아지고 있다. 이에 따라 결혼하는 이유 역시 다양해 졌는데, 예를 들어 최근에 대도시의 집값이 폭등하자 집을 장만하기 위해서 사랑도 없이 결혼하는 사람도 있고 아니면 단순히 직장 생활에서 상호간에 도움을 주고 받기 위해서 결혼하는 사람도 있다. 심지어 남성 혹은 여성의 돈 때문에 결혼하는 사람도 많아지고 있는데, 이러한 사회현상을 빗대어 亚婚姻라는 신조어가 생성되었다.


### 蚁族[yǐzú]

新义는 도시에 거주하는 보통의 시민이나, 농민공, 고등학교 졸업자, 기술학교 졸업자 중에서 노동 시간이 매우 많거나 월급이 아주 낮아 개미처럼 일만 하고, 대도시나 도시 근교에 개미떼처럼 몰려 사는 젊은 층을 지칭한다.

최근 고학력 실업자가 급증하면서, 이들처럼 학력이 비교적 낮은 젊은이들은 노동에 대한 충분한 보상을 받지 못한 채, 개미처럼 일만 하는데도 낮은 임금을 받고 있으며, 이러한 세태를 반영하여 이러한 신조어가 생성되었다. 蚁는 '개미'라는 뜻이다.

月光族[yuèguāngzú]

新义는 한 달 월급을 모두 써버리는 새로운 신세대 젊은 소비계층을 지칭한다.

월급을 뜻하는 '月薪'과 '다 써버리다'라는 의미의 '光'을 합친 단어로, 중국인의 소득 수준이 높아지면서 발생한 젊은층의 과도한 소비문화를 반영한다.

베이징대학 시장매체연구센터는 최근 '1990년 이후 출생 대졸자 직업보고서'를 통하여 중국 젊은이들의 잦은 이직과 과소비가 사회문제화되는 가운데 대학 졸업자 3명 중 1명은 부모에게 경제적으로 계속 의존하고 있다고 밝혔다. 또한 전문대학과 4년제 대졸자 35만 명을 조사한 결과 역시 본인의 취업 여부와 상관없이 부모로부터 계속하여 경제적 지원을 받는 인원이 전체 인원의 34.1퍼센트에 달했으며 대졸자 가운데 취업한 사람의 40퍼센트는 월급을 한 푼도 저축하지 않고 모두 써버리는 일명 '月光族'으로 조사됐다.

이처럼 일부 중국 젊은이들의 자립심 부족과 부모에 대한 지나친 의존 현상은 중국 국이 지난 40년 넘게 고수해온 '한 자녀 정책'의 대표적인 폐해로 꼽힌다.

**再婚贬值费[zàihūnbiǎnzhífèi]**

글자 자체의 의미는 '재혼의 평가절하 비용'이며, 新义는 이혼 후 재혼을 위하여 배우자를 선택할 때, 초혼보다 상대방의 조건이 떨어질 것을 대비하여 이혼 상대방에게 요구하는 일종의 배상비를 지칭한다.

앞서 언급한 閃婚, 閃離 등의 신조어를 통해 알 수 있듯이, 현대 중국의 일부 젊은이들은 쉽게 결혼하고 쉽게 이혼하는 경향이 강하다. 이런 경우, 재혼을 계획하는 여성은 재혼시 상대방의 경제적 조건이 초혼때 보다는 못할 것이라고 예상하고, 이혼시에 남편에게 이 같은 배상비를 요구하는 사례가 적지 않게 발생한다고 한다.

**自驾游[zìjiàyóu]**

新义는 자가용으로 여행을 떠나는 사람들을 지칭한다. 즉 경제 개혁·개방 이후 중국의 경제가 급속도로 발전하면서 자동차를 개인 소유하는 가정이 점차 많아지고 있는데, 이들은 단체 여행(패키지)을 가지 않고, 자신들의 자가용으로 자유 여행을 즐긴다. 이 같은 무리가 확산되면서 이러한 신조어가 생성되었다.

装忙族[zhuāngmángzú]

新义는 직장에서 일을 할 때, 게으름을 피우며 이를 상사에게 발각되지 않기 위하여 직무를 가장한 다른 일을 하며 바쁜 척하는 사람들을 가리킨다. 주로 대도시에 거주하는 화이트칼라들이 대상이며 겉으로 보기엔 늘 바빠 보이지만, 실제로는 게으름을 피우며 일을 하지 않는 일련의 젊은이들을 지칭한다.

足球寡妇[zúqiúguǎfu]

남편들은 축구 경기를 보기 위하여 텔레비전 앞에만 앉아 있고, 그동안 아내는 과부처럼 홀로 외롭게 지내게 되는 세태를 반영한 신조어이다.

즉 4년에 한 번 열리는 월드컵 경기를 보기위하여 남편들은 축구경기가 열리는 날이면 늘상 텔레비전 앞에서 축구만 본다. 이러한 현상이 심해지면 부부싸움을 하게 되고, 실제로 이러한 사유로 이혼하는 부부가 많아지면서 이러한 신조어가 생겼다고 한다.

"나는 오렌지족이었다"라고 말하면, '오렌지족'이란 한 단어로 인하여 그 사람의 젊은 시절이 어떠했는지를 짐작할 수 있다. 이처럼 신조어는 한 시대의 사건이나 사회 현상 등을 함축적이면서도 구체적으로 전달한다.

　여기서는 취합된 신조어 가운데, 주로 80后의 사회·문화 현상과 관련된 신조어를 취합하여 분석함으로써 첫째, 2000년대 이후 중국의 젊은이들의 사회적·문화적 새로운 경향을 살펴보고, 둘째, 이러한 신조어를 현대 중국어 교육현장에서 활용할 수 있도록 신조어 D/B를 구축함을 목적으로 삼았다.

　이 같은 연구를 통하여 중국 젊은이들의 삶과 관련된 각종 사회·문화적 제반 현상을 이해할 수 있었다. 즉 중국의 젊은이들은 학업과 취업에 상당한 압력을 받고 있으며, 사회적 부조리에 대해서도 외면하지 않는다. 또한 결혼에 따르는 막대한 비용에 부담을 느끼고 있으며, 이후 출산과 양육에도 부정적인 의식을 가지고 있음을 알 수 있었다. 또한 동시에 小皇帝로써의 버릇이 남아있어 여유로운 생활을 지향하고 부모에게 의존적인 면도 있으며, 이와 반대로 치열한 경쟁사회에서 열심히 생활하는 면도 공존하고 있음을 알 수 있었다.

# Ⅴ장 최신 신조어 분석

5장에서는 《21世纪华语新词语词典》에 수록된 신조어와 중국 인터넷 포털 사이트(http://www.baidu.com)에 수록된 신조어 중에서 현대 중국의 사회·문화 제현상을 담아내고 있는 신조어를 취합하여, 이들 신조어가 가지고 있는 함의를 분석함으로써, 현대 중국의 사회·문화 제방면을 이해하고자 한다. 신조어가 가지는 함의가 워낙 여러 분야 공통적으로 걸쳐있으므로, 이를 의미 유형별로 나누지 않고, 신조어의 병음 순으로 나열하여 분석하고자 한다.

# A

## AA制[AAzhì]

　　AA제는 일본어의 '와리깡(割り勘: 더치페이를 뜻하는 일본말) 방식'
이라는 의미로 중국에서는 1990년 전후부터 쓰이기 시작한 말이다.
1980년대 초 홍콩에서 유행하여 정착한 말로, 'AA'는 'each each'의
(각각) 발음을 간략화한 것이라 한다. AA의 모양이 사람 인(人) 자 모
양과 비슷하기 때문이라는 의견도 있다. 중국인들은 더치페이 하는
것을 인색하다고 여겨 친구사이에도 잘하지 않는다고 하지만, 최근에
는 젊은이들 사이에서 유행하는 추세라고 한다.


## 暧昧关系[àimèiguānxì]

　　우리나라에서도 몇 년 전부터 "썸을 타다"라는 말이 유행했는데,
중국어에서 暧昧关系라고 하면 썸 타는 사이라는 의미를 나타내며 최
근 젊은이들 사이에서 유행하고 있는 말이다. 일본 만화가가 일본 잡
지상에서 이 단어를 사용하였는데, 남자와 여자의 연애 전 관계에 대
한 동작 등을 묘사해서 쓰인 단어라고 한다. 이 단어가 중국으로 넘어
온 후 유행하게 되었다고 한다.

APEC蓝

APEC은 아시아태평양경제협력체의 약자이며, APEC蓝은 지난 2014년 11월 베이징에서 개최된 APEC 회의 기간 동안 계속된 베이징의 맑은 공기와 푸른 하늘을 지칭하는 신조어이다. 베이징에서는 특히 대기오염으로 인한 스모그가 빈번히 발생하였는데 중국 정부는 세계 각국 정상이 모이는 APEC 기간 동안 베이징의 공기오염을 방지하기 위하여 베이징 지역에서 차량 2부제를 실시하고 시내 모든 공사작업을 중단시키는가 하면 톈진(天津), 허베이(河北), 산둥(山东) 등 주변 지역에 이르기까지 APEC 기간 전후로 차량 운행 제한, 공장 가동 중단 등의 조치를 취하였다. 정부의 이러한 APEC 임시 조치가 시행된 이후로 초미세먼지 농도가 양호한 수준을 유지했으며 흐린 날을 제외하고는 대체적으로 푸른 하늘을 볼 수 있었다.

# B

白骨精[Báigǔjīng]

本义는《西游记》라는 작품에 등장하는 미며 요괴 중의 한 인물이지만, 新义는 주로 인터넷 채팅 용어로 자주 사용되며, 두 가지 의미를 지니고 있다.

첫째는 수단이 교활하고 독한 나쁜 사람을 비유하는 말이고, 둘째는 白领(화이트칼라), 骨干(핵심), 精英(엘리트)을 합쳐서 만들었다고 하여, 여자이지만 남자에게 뒤지지 않는, 고학력, 고수입, 고직위를 가진 직장 여성(三高女性)을 지칭한다. 이들은 지성과 외모를 겸비하고, 경제적 능력도 있으며 교양도 있고 자신을 관리 할 줄 안다. 모든 일에 떳떳하며, 견해가 넓고, 진지하게 일을 하기 때문에 직장에서 아주 높은 평가를 받는다.


百鸡王[bǎijīwáng]


新义는 '100마리 암탉을 거느린 왕', 즉 周永康의 여성편력을 풍자하는 단어이다. 周永康은 중국 전 중앙정치국 상무위원 겸 중앙정법위원회 서기로, 부패 등 7개 혐의가 드러나면서 중국의 매체는 그를 '백계왕(百鸡王)의 몰락'이라 표현하며 풍자하였고, 이후 유행한 단어이다.

그의 7대 혐의 중 간통혐의도 포함되는데, 홍콩 핑궈일보는 '가수, 여배우, 대학생 등 周永康이 거느린 정식 내연녀만 최소 29명'이라고 폭로하였다. 이 가운데 중국 중앙방송(CCTV) 유명 여성 아나운서 등도 포함돼 있다'고 보도하였다.

周永康이 중국 석유 천연가스 집단공사(CNPC)에 재직하던 시절부터 여성 400여 명과 동침하면서 이 같은 별명이 붙었다고 한다.


## 拜金女[bàijīnnǚ]

新義는 돈을 최고의 가치라고 생각하는 여자를 말한다. 맹목적으로 돈이나 금 같은물질을 최고의 가치로 여기고 일체 모든 가치를 돈의 가치로 생각하거나 행동하는 여자를 말한다.

부귀영화를 꿈꾸는 중국 여성들의 생각은 수천 년이 지난 요즘도 변함이 없다. 중국의 인기 맞선 TV 프로그램인 非誠勿擾에 출연한 한 미모의 여성은 외모는 준수하나 재산이 별로인 남성 출연자의 프로포즈를 거절하면서 이런 말을 남겼다.

"자전거 뒷자리에서 행복하게 웃기보다 차라리 벤츠 뒷자리에서 울고 싶어요."

중국에서는 이처럼 물질을 중시하는 여성을 拜金女라고 부른다. 중국에는 이 拜金女가 점차 늘어나 사회 문제가 될 정도이다. 그렇다고 여성만 탓할 건 못된다. 남자도 여자 못지않게 배금주의에 물들어 있는데, 우리말의 '된장남'을 뜻하는 단어로는 吃软饭的가 있다.

摆上台[bǎishàngtái]

本义는 어떤 물건을 탁상 위에 올려놓고 공개함으로써 사람들의 주의를 끌어 의논을 하도록 하는 것이나, 新义는 사생활이 공개되거나 물건이나 일을 드러내서 사람들의 주목을 끄는 행위를 말한다. 광동방언으로 의도적으로 다른 사람을 망신시키거나 힘들게 하는 것을 가리킨다.


傍大款[bàngdàkuǎn]

'傍'은 '의존하다, 달라붙다'는 뜻이고, '大款'은 부자를 지칭한다.

傍大款은 돈이 많은 사람에게 의지하거나 생활에 필요한 재물을 얻으려 하는 행위, 또는 부호를 따라다니는 사람을 말한다. 주로 여성에게 쓰이며 부정적인 성격이 강하다.

지금 중국에서는 갈수록 많은 사람들이 이미 자신의 평범한 생활을 더 이상 참지 못하고, 한순간에 졸부가 되기를 희망하고, 최소의 댓가 심지어 제로의 댓가로 사람들이 선망하는 성공을 얻고자 한다. 이 같은 심리상태를 가진 사람 때문에 傍大款과 같은 사람들이 늘어나고, '취집'을 통해 자기의 부담을 덜어버리려는 여성들이 늘어나고 있다.

남자에게 쓰이는 말로는 '돈 많은 여성을 따라다니다'라는 의미의

傍款姐라는 표현이 있다.

이외 '傍~' 형식의 신조어로는 특정 목적을 가지고 유명 인사나 스타와 관계를 유지하는 것을 지칭하는 傍大腕[bàngdàwàn], 여성이 출국을 목적으로 외국인과 관계를 유지하는 현상을 지칭하는 傍老外[bànglǎowài], 가짜상품을 유명 브랜드로 속여 팔다라는 뜻의 傍名牌[bàngmíngpái], 개인 투자자가 증권시장에서 "연예인"의 재정 관리 능력을 믿고 투자하는 현상을 말하는 傍明星[bàngmíngxīng] 등이 자주 사용되고 있다.


### 宝宝手机[bǎobǎoshǒujī]

아동을 위해 전문적으로 개발된 휴대폰을 말한다. 색상이 밝고 아름답고, 외형이 귀여우며, 조작이 쉽고, 4세 정도의 아이도 사용할 수 있다고 한다.


### BAT[BAT]

百度[bǎidù]바이두 + 阿里巴巴[ālǐbābā]알리바바 + 腾讯[téngxùn]텐센트.
중국 인터넷 시장이 성장함에 따라, 함께 거대 기업으로 성장한 중국 IT 3대 기업으로, 바이두(Baidu, 百度[bǎidù]), 알리바바(Alibaba, 阿里巴巴[ālǐbābā]), 텐센트(Tencent, 腾讯[téngxùn])의 앞 글자를 따서 만든 신조어이다.

BAT는 월스트리트 저널에서 발표한 세계 10대 인터넷 회사 중 6위 안에 든 중국 기업들이다. 각자의 주력산업으로는 바이두-인터넷 검색, 알리바바-전자상거래, 텐센트-SNS와 게임에 강점을 가지고 있다. 각 핵심 역량을 중심으로 사업을 다각화하여 매년 실적이 급상승하고 있고, 인터넷 시장의 영향력을 확장하고 있다.

아직까지 애플, 마이크로소프트, 구글과 같이 글로벌 IT 거물 기업들과 어깨를 나란히 할 정도는 아니지만, 상당한 위력을 발휘하며 빠른 속도로 발전하고 있고, 이들 3사는 중국 인터넷 콘텐츠 소비의 70퍼센트 이상을 차지하며 'BAT' 이용자가 중국 전체 네티즌이라고 해도 과언이 아니다.


背包客[bèibāokè]

등에 배낭을 메고 여행하는 사람을 지칭한다. 중국의 경제성장력이 높아지면서 젊은층 사이에서 세계로 배낭여행을 나가는 것이 유행하면서 생긴 신조어이다.

悲催[bēicuī]

‘마음에 안 들다’, ‘실패하다’, ‘마음이 아프다’, ‘운이 나쁘다’ 등
이런 상황에 처했을 때 많이 사용하는 말이다.

원래는 《孔雀东南飞》라는 작품에 "阿母大悲催"라는 문장이 있었
고, 이를 간단하게 줄여서 "悲催"라는 단어를 썼는데, 요즘엔 인터넷
에서 사람들이 많이 사용하는 신조어가 되었다.


被高速[bèigāosù]

고속철도 개통으로 일반 열차의 운행이 중단됨에 따라, 수입이 낮
은 사람들도 어쩔 수 없이 비싼 고속열차표 값을 감당해야 하는 상황
을 일컫는다.


背户[bèihù]

자신의 신분증과 호구를 다른 사람에게 빌려주어 차량소유권의 명
의를 변경하는 수속을 밟음으로써 부수입을 올리는 사람을 지칭한다.
최근 중국에는 도시로의 인구유입을 저지하기 위하여 도시에 살기 위
한 조건을 강화하고 있는데, 이에 따라 도시의 호구가 없는 사람들을

상대로 이런 背戶가 등장하였다.


## 北漂[běi piāo]

두 가지 뜻이 있는데, 하나는 '베이징에서 방랑 생활을 하다'이고 다른 하나는 베이징에서 생활하지만 베이징 호적이 없는 사람들을 지칭한다.

유래를 살펴보면 원래는 1990년대 중반 연예계 스타를 꿈꾸며 베이징에 온 연예 지망생들에 국한돼 쓰던 말이었는데 요즘엔 구직자, 특히 고학력 미취업자들까지 확대되어 쓰이고 있다. 즉 고학력 미취업자들이 지방에서 일자리 찾기가 어려워지자 '베이징 드림'을 안고 상경하는 이들이 급증했는데, 이들을 '北漂族'이라 칭하기 시작했다. 이후 1990년대 중반 연예계 스타를 꿈꾸며 베이징에 온 연예 지망생들에 국한돼 쓰던 말이 요즘엔 구직자, 특히 고학력 미취업자들까지 확대되어 쓰이고 있다. 베이징에 오는 대졸 구직자들이 눈에 띄게 늘어나자 사회문제로 발전되어 생겨난 신조어이다.


## 本本族[běnběnzú]

원래의 뜻은 운전면허증은 있으나 차가 없는 이들을 일컫는 말이었다. 새로운 뜻은 취업난이 가속화되자 대학 학위증과 각종 자격증을 따서 취업을 하려는 80后를 지칭하는 말이 되었다. 최근 한국 대학생들이 무작정 스펙을 올리고 보자며 각종 대외활동과 봉사활동, 자격증을 따려는 모습과 유사한 부분이다. 이와 비슷한 신조어로 证奴([zhèngnú])가 있는데, 이 말은 자격증의 노예라는 뜻이다.


## 标题党[biāotídǎng]

标题는 문장 제목, 党는 집단, 단체, 패거리. 标题党이란 인터넷에서 개인의 인기를 올리고 주목을 받기 위해 색다른 문장 제목을 쓰는 집단을 말한다. 제목은 눈에 잘 뜨이도록 과장을 많이 하나 문장 내용은 제목과 전혀 상관이 없다.

최근 많은 사람들이 인터넷에서 다른 사람을 놀리려는 목적으로 일부러 내용과 맞지 않은 과장한 제목을 만들어서 사람들의 주목을 끈다. 이러한 사람들이 모여서 한 집단이 되었는데 많은 사람들이 과장된 제목을 보고 들어가서 문장내용을 보지만, 내용과 제목이 전혀 관계가 없어서 속았다는 생각을 하게 된다.

## 冰桶挑战[bīngtǒngtiǎozhàn]

아이스 버킷 챌린지(Ice Buc ket Challenge)는 2014년 7월 초부터 시작되었고, 사람들에게 루게릭병에 대한 관심을 환기시키는 동시에 루게릭병 환자를 돕기 위한 릴레이 기부 캠페인이다. 지목을 받은 사람이 얼음물을 뒤집어쓰는 동영상을 SNS에 올린 뒤 다음 도전자 세 명을 지목해 릴레이로 기부를 이어가는 방식이다. 지목을 받은 사람은 24시간 안에 얼음물 샤워를 하거나 미국 루게릭병 협회에 100달러를 기부해야 한다. 근육이 수축되는 루게릭병의 고통을 찬 얼음물이 닿을 때 근육이 수축하는 그 잠시나마 함께 느껴보자는 취지에서 만들어졌다고 한다.

전 세계적으로 유명인사들뿐만 아니라 일반인들에게도 이 캠페인이 유행이 되었고 물론 중국에서도 유행하였다. 아이스 버킷 챌린지라는 외래어를 중국어로 冰桶挑战[bīngtǒngtiǎozhàn]이라는 단어로 사용되게 되면서 신조어가 되었다.

중국에서는 8월 17일부터 '아이스 버킷 챌린지'가 시작되어 수많은 중국 연예인들이 캠페인에 동참하였고 일반인들까지 참여하였다. 처음 중국 스마트폰 업체인 一加의 창업자인 刘作虎가 동참하면서 중국에서 이 캠페인이 시작되었고, 이어 百度의 李彦宏 CEO, 小米와 雷军의 CEO, 또한 많은 유명 연예인도 이 캠페인에 참여했다고 한다.

# C

**擦边球[cābiānqiú]**

원래는 탁구대의 모서리를 맞은 공, 즉 엣지볼(edge ball)이라는 뜻이었으나, 요즘은 규정을 아슬아슬하게 피해, 규정의 틈새를 교묘히 파고들어 명백한 불법은 아니지만 법의 취약성을 악용하여 부정부패를 저지르는 사람들을 지칭하는 신조어로 사용된다.

이들은 주로 재계 인사나 고위 공직자들이 해당되는데, 한 예로 2013년, 산시성 바이허 현서기가 시가 약 100만 위안 (약 1억 7,000만 원)의 고급 차를 몰고 다니다가 국민들의 질타를 산 적이 있다고 한다. 이는 20여만 명이 사는 바이허현의 농민 1인당 연간 수입이 4,000위안(약 68만 원)에 불과하며, 가장 가난한 지역 중 한곳이라는 점을 생각하면 더욱 문제가 되는 사건이었다.

하지만 현서기는 문제의 차가 본인의 소유가 아닌 아는 사업가로부터 빌린 것으로 곧바로 반납해 문제가 없다는 궤변을 내놓아 교묘히 피해갔다. 현재 중국의 시진핑 총서기가 강도 높은 부패척결을 외치고 있지만 법의 망을 요리조리 피해가는 부정부패 문제가 여전히 계속되고 있어 심각한 사회문제가 되고 있다.

猜礼包[cāi lǐ bāo]

제3자가 주는 선물을 지칭하는데, 선물을 뜯어보기 전까지는 선물을 받는 사람은 물론 선물을 준 사람도 선물이 무엇인지 알 수 없다. 편리함과 어떤 선물을 줘야 할지 고민하는 시간을 절약하는 방법으로, 주로 젊은 세대들이 제3자에게 가격대를 말하면 알아서 대신 선물을 사주는 행위를 지칭하는 말이다.


菜鸟[càiniǎo]

원래는 요리용 조류(닭, 비둘기 등)를 지칭하는 말이나, 요즘은 저능아 혹은 능력 낮은 사람을 비꼬아 말할 때 쓰인다.

타이완 민남 방언에서 유래한 것으로 여기저기 충돌하며 날아다닌다고 해서 붙여졌으며 군대에 새로 입대한 군인, 즉 신병에서 유래됐다고 한다. 이런 칭호는 어쩔 땐 사람을 경멸하고 깎아 내리는 의미를 나타내는데 일반적으로 어떠한 분야에 기본지식이 없는 사람을 일컫는다.

이 단어는 비속어로써 초짜 또는 풋내기, 애송이라는 뜻으로 쓰인다. 이에 해당되는 격식적인 단어는 "新手" "初学者"가 있다. 菜鸟은 영어 단어 "rookie" "newbie" 혹은 "noob"와 뜻이 같다. 인터넷상에서 쓴다면 "인터넷 초보자"라는 뜻이 된다.

## 草莓族[cǎoméiizú]

新义는 겉모습은 번지르르 하지만 정신이 유약한 사람을 지칭한다.

草莓族는 겉모습은 보기 좋지만 정신이 유약한(어리고 약한) 사람을 뜻하는 신조어로, 1980년대에 출생한 젊은 사람을 草莓族라고 부른다. 그 이유는 딸기가 겉보기에는 먹음직스럽고 예뻐서 눈길이 많이 가지만 조금만 압력이 가해져도 쉽게 물러버리는 특징과 최근 젊은 세대들의 모습이 비슷해서 생겨난 뜻이다.

이들은 자기 몸을 너무 사리는 점이나 좀처럼 좌절감을 견디지 못하는 점, 스트레스를 컨트롤하지 못하고 협동심이 부족하며, 주동적이거나 적극적으로 나서는 것도 꺼려하는 것이 특징인데, 무엇보다도 딸기족의 가장 큰 특징 중의 하나는 일을 할 때, 어떤 기준 같은 것이 없고, 단지 더 재미있는 일을 원하고, 혹은 월급이 더 많은 일을 원하거나, 변덕이 심하다는 점이다.

이러한 특징은 이전 세대와 비교했을 때 정신적으로 약한 80后의 일반적인 특징이다.


## 蹭网卡[cèngwǎngkǎ]

新义는 고성능 무선 인터넷카드를 지칭한다. 자동으로 이웃의 무선인터넷을 검색할 수 있고, 안전 비밀번호를 풀어서 타인의 무선 인터넷을 도용할 수 있다.


## 词媒体[címéitǐ]

新义는 인터넷에서 정보를 전달하는 데 단어의 특징을 이용해 핵심내용을 최대한 빨리 전파하는 일종인 새로운 매체형태를 가리킨다. 단어는 특정한 시간, 장소, 인물, 사건 정보를 집약하는 특징이 있다. 인터넷에서 많은 사이트 매체들이 단어의 특징을 이용해 지식이나 정보를 날카롭게 전파하기 때문에 "词媒体"라는 개념이 나타나게 되었다.

유래는 최초에 전 세계에서 가장 큰 중국어지식매체-互动百科에서 나타났다. 현재 인터넷이 무지 빠르게 발전되기 때문에 매우 많은 정보를 쉽게 읽기 위해 요약내용 대신 핵심 단어가 인기가 많아진다. 핵심단어를 모르면 인터넷을 못 한다고 말 할 수 있다. 따라서 "词媒体"가 생겨났다.


## 拆哪[chāinǎ]

本义는 "어느 집부터 허물기 시작하겠냐?"이다.

新义는 중국의 새로운 대명사로, 유래는 다음과 같다.

최근 몇 년간 중국에서 민가를 강제적으로 허무는 사건이 늘어가고 있는 한편, 영어 'CHINA'의 발음과 비슷하기 때문에 네티즌들이 '中国'을 '拆哪'라고 부르다.

## 超经济型酒店[chāojīngjìxíngjiǔdiàn]

新义는 경제형 호텔보다 하드웨어적 설비가 더욱 간단하고, 가격도 더 저렴한 낮은 자본으로 내놓은 호텔 종류를 지칭한다(指商家通过降低成本推出的比经济型酒店硬件设施更简单，价格更低廉的酒店类型).

## 炒作[chǎozuò]

新义는 '현대한어사전' 최신판에서 "炒作"를 (사람·사물의 가치를 높이려고 언론 매체를 통해) 대대적으로 띄우다, 선전하다, 기사화하다, 뜨겁게 다루다는 뜻으로 정의하였다. "炒作"는 비즈니스 전략 중 하나다. "炒作"의 최종 목적은 명예와 돈을 획득하기 위함이다.

유래는 "炒"기름 따위로 볶다는 뜻으로 나타나며, 생동적으로 "사람·사물의 가치를 높이려고 언론 매체를 통해 대대적으로 띄우다, 선전하다"는 뜻에 비유한다. "作"는 행동을 하다는 뜻이다. 炒와 作가 합쳐서 "(선전·광고를 통해) 기세를 올리다"는 의미를 한다.

成长鞋[chéngchángxié]

本义는 성장 신발이며, 新义는 독일 포츠담대학의 연구원이 발명한 신형슈즈를 지칭한다. 신발안창의 특수한 설계로 인해 아동의 발의 발육에 따라 신발이 늘어난다.

(德国波茨坦大学的科研人员发明的一种新式鞋子, 通过鞋垫的特殊设计使鞋子能随着儿童足部的发育而增大.)

迟到门[chídàomén]

本义는 중국 여자 축구팀 감독인 엘리자베스가 훈련에 늦은 주장, 팀원들과 마찰이 생긴 사건을 가리키는 말이다.

新义는 지각으로 나쁜 영향을 초래한 사건을 두루 가리킨다.

吃货[chīhuò]

원래 뜻은 식충(이), 밥벌레, 밥통 등 약간 욕하는 말로, 일은 하지 않고 먹기만 하는 사람을 가리킨다. 요새는 '먹방'이라는 뜻으로 사용하기도 하고 먹는 것을 좋아하는 사람, 미식가 맛 집 돌아다니는 사람 등으로 넓게 사용된다.

바이두에 보면 "吃货 , 指爱吃的人. 多指喜欢吃各类美食的人, 并 对美食有一种独特的向往, 追求 , 有品位的美食爱好者 , 美食客 , 美食家"라고 되어 있다.

주로 각종 음식을 즐기는 사람, 또한 음식에 대한 자신만의 개념과 품격을 갖고 있는 미식가라고 한다.

남한테 가리킬 때는 욕이지만, '我是吃货', 이런 식으로 쓴다면 나 는 미식가다라고 할 수 있다.

사천지방에서 식탐이 많은 사람에게도 쓰며, 다른 뜻으로는 불법 으로 주식을 사들이는 것이라는 뜻도 있다. 또 까오수 지방에서 好吃 货는 맛있는 음식이라는 뜻이라고 한다.

먹는 것을 좋아하고 즐기는 사람을 가리키는 말로 최근 TV, 인 터넷에서 음식 관련 콘텐츠의 영향력이 커지면서 네티즌들 사이에 서 "먹는 것을 즐긴다"는 식의 표현으로 인터넷은 물론 신문이나 잡 지, TV 프로그램에서도 자주 쓰이기 시작했다. 특히 2012년에 중 국 CCTV에서 방영된 '혀끝으로 만나는 중국(舌尖上的中国[shéjiān shàngde Zhōngguó])'이라는 음식 관련 다큐 프로그램이 중국 젊은이들 사이에 큰 인기를 누리며 많이 사용 됐고 그 이후로 생활 속에서 친구 들 사이에서 편하게 사용한다.

주식이 저가일 때 표를 내지 않고 사들이는 행위라는 뜻도 있다고 하는데 주식관련자들이나 경제학 전공자분들이 많이 사용하고, 일반 인들은 식신, 밥벌레, 식충이라는 말로 대부분 사용한다고 한다.

## 宠物病[chǒng wù bìng]

宠物[chǒngwù]는 애완동물이며, 病[bìng]은 병이라는 뜻이다. 즉 애완동물 병이다.

애완동물을 통하여 사람에게 전염하여 생기는 병을 통틀어 이르는 말로 생활이 풍요롭고 여유로워짐에 따라 상당수의 현대 중국인들은 가정에서 고양이, 강아지, 새 등의 애완동물을 키우고 있다. 이러한 애완동물은 사람들을 즐겁게 하지만 동시에 여러 가지 병을 준다. 나름대로 깨끗이, 자주 목욕시킨다 해도 호흡기와 관련된 병뿐만 아니라 심각한 전염병을 옮기기도 한다. 그래서 이 애완동물들 때문에 예전에는 흔치 않았던 질환이 발생하게 된다. 특히 임산부나 면역성이 약한 어린아이들에게 있어 애완동물은 정서발달에 도움이 되기도 하지만 자칫 잘못하면 질병을 옮길 수 있으므로 주의해야 한다. 애완동물로 인한 질병으로는 개나 고양이에게 물려 발생하는 광견병, 고양이가 사람에게 옮기는 대표적인 묘조병, 또한 기생충이 옮을 수도 있으며, 파상풍과 같은 병도 있다.

## 创客[chuàngkè]

新义는 혁신적인 젊은 창업가를 지칭한다.

创客[chuàngkè]는 영어 'Maker'를 중국식으로 번역한 말로, '창조하다'의 뜻인 创[chuàng]과 Maker의 'ker'를 음역하여 만든 단어로, 새로운 아이디어와 지식, 기술을 기반으로 벤처사업에 뛰어드는 혁신적인 젊은 창업가를 의미하는 신조어이다. 최근 양회에서 리커창 총리가 "创客는 마르지 않는 금광"이라고 언급하여 주목을 받은 신조어이다.

최근 중국에서는 이러한 혁신 창업가들의 열풍이 거세고, 중국 정부에서는 이들을 중국의 새로운 성장 동력이라고 말하며, 지원을 아끼지 않고 있다. 이러한 创客열풍에 따라 생겨난 관련 신조어로는 海龟[hǎiguī]와 本土老鳖[běntǔlǎobēi]가 있다. 海龟는 원래 바다거북이라는 뜻이지만 새로운 의미로 해외에서 유학을 하고 돌아온 유학파 창업자를 의미하는 신조어이고, 本土老鳖는 원래는 토종자라라는 뜻인데 새로운 의미로 국내파 창업자를 의미하는 신조어이다. 이들은 서로 협조하고 경쟁하고 있으며 중국의 스마트폰 회사인 샤오미가 국내파 '레이쥔'과 해외파 '린빈', '저우광핑' 등 7명이 공동 창업을 해서 성공한 예이다.

* 客의 의미에 대해 중국에서는 손님을 귀하게 여기기 때문에 창업을 하는 사람들을 귀하게 여겨 손님 객자를 써서 创客라는 단어가 생겨났다고 하는 이야기도 있다.

# D

大尺度[dàchǐdù]

本义는 범위가 크다라는 뜻이다.

新义는 피비린내 나는 화면과 폭력적인 요소 들어가거나 음란 장
명을 있다는 것을 가리킨다.


大出血[dà chū xuè]

헐값에 물건을 팔다, 재물상의 큰 손실을 보다라는 뜻이다.

大出血의 원래 뜻은 '대출혈'이라는 뜻이나. 상인들이 물건을 팔
때 '이익을 거의 남기지 않고 대출혈을 감수하면서까지 판다'라는 다
소 과격한 비유를 하는 과정에서 생겨난 신조어이다.


大肚子经济[dàdùzijīngjì]

新义는 큰 배(볼록 튀어나온 배) 경제. 즉, 임산부 경제이다.

80后(80년대생) 임산부들은 유행에 민감하며 제품의 품질과 브랜

드의 인지도를 중시하는 소비성향을 가지고 있어 혼수품, 임산부용 의류, 출산용품, 영·유아용품 등 관련 제품이 거대 소비시장을 형성하고 점차 고급화하는 경향을 보인다.

또 여성의 소비확대와 관련된 단어로 '她经济'가 있는데 이는 여성을 뜻하는 她와 경제를 뜻하는 经济가 합해져 생겨난 것이다. 이는 여성의 경제적·사회적 지위가 향상되면서 여성의 구매파워가 강해져 특유의 경제계층(경제적·사회적 지위가 향상된 여성 계층)과 경제현상(여성의 소비가 늘어난 현상)이 나타난다.

21세기에 두드러지게 나타난 현상으로 80년대 태어난 여자들이 엄마가 되면서 2007년 황금돼지해와 2008년 올림픽으로 출산이 급증하고 임산부들의 소비 파워가 커져 이 현상이 가장 크게 나타났다. 베이징올림픽이 열린 2008년 결혼하는 쌍은 총 1,800만 명이었고 결혼식 피로연 등 이들의 소비 규모만 18조원에 이르렀다.

1,800만여 명의 '올림픽 베이비'가 탄생하고, 유아 용품시장 규모는 80조원으로 불어났다.

임산부 시장과 유아용품 시장이 동시에 급팽창하고 있다는 의미다.

최근에는 만삭사진 찍기, 태교여행 등 여러분야로 발전하여 경제에 미치는 영향이 점점 커지고 있는 추세이다.

## 打虎拍蝇[dǎhǔpāiyíng]

新义는 '호랑이와 파리를 한 번에 잡다'이다.

여기서 말하는 '호랑이(老虎)'는 고위층 부패관리, '파리(苍蝇)'는 하층 부패관리를 뜻한다.

시진핑 주석은 집권 후 무차별하게 부정부패 관료들을 낙마시킨다. 이처럼 '호랑이를 잡다(打老虎)'와 '파리를 잡다(拍苍蝇)'는 중국 정부의 강력한 부패척결 의지를 반영한다. 이러한 강력한 처벌은 지금껏 유례가 없었기 때문에 인민들의 환대를 받고 있다.

한편, 이에 대해 일부는 '부패척결'이라는 방패막을 세우고 정치적 수단으로 '정적제거'를 한다는 부정적인 반응도 보인다.


## 大妈[dàmā]

本义는 큰어머니, 아주머니이다.

新义는 중년 여성들의 구매력, 부잣집 아줌마를 지칭하는 것으로, 大妈들은 경제대국인 중국경제를 좌지우지할 수 있는 새로운 소비 세력이다.

따마가 세계 경제에 미치는 영향은 매우 크다. 특히 금을 좋아하는 중국인의 특성상 大妈의 영향력은 금 가격에서 쉽게 관찰된다.

大妈들은 2013년 세계적 금값 하락에 금 가격이 저점에 이르렀다고 판단해 금을 사들이기 시작하였고 이로 인해 금 가격이 상승세로 돌아서 사재기 열풍으로 번지기까지 한 것이다. 한국에서도 大妈들의 영향력은 감지되는데 최근 중국 관광객들의 한국 방문이 급증해 화장품 등 이들이 선호하는 제품의 매출이 급증하기 시작했다.

문화체육관광부의 조사 결과에 따르면, 중국인들이 한국을 방문하는 최대 이유는 쇼핑이며 이들은 특히 품질이 좋은 한국 화장품 구매를 선호하는 것으로 알려졌다.

하지만 한 경제전문가는 '전문지식이 부족한 大妈들의 투자가 투기로 변질되어 좋지 않은 결과를 불러올 수도 있다며 따마는 경제 활성화의 주체인 동시에 투기로 인한 경제 불안을 유발하는 양면성을 지닌 존재'라고 이야기했다고도 한다.

大妈들은 소비활동이 다 드러나는 공무원 남편을 대신해 모아둔 돈을 우리나라 같은 해외에 가서 사재기나 쇼핑을 즐기면서 쓰곤 했는데 최근 홍콩에서 사재기 열풍으로 인한 물가상승이 사회문제가 되어 홍콩시민들의 반대 시위가 빈번하다고 한다.


达人[dárén]

新义는 어떤 방면 잘하는 사람을 가리키는 말이다.

유래는 达人라는 단어가 최초 일분에서 나온 단어이다. 후에 중국에서 한 프로그램《中国达人秀》인기가 많아지기에 따라서 达人라는 말 유행하게 된다.

지금 사람들이 어떤 방면 잘하면 XX达人라고 한다. 예를 들러서 노래를 잘하는 사람이 音乐达人라고 하고 연애를 잘하는 사람이 恋爱达人라고 한다.


## 大神[dàshén]

本义는 크리슈나 신, 인도 신들 가운데 가장 널리 숭배되고 사랑받는 신이란 의미이다. 新义는 어느 한 방면에서 신의 경지에 이른 사람, 고수, 달인을 지칭한다.


## 大虾[dà xiā]

新義는 컴퓨터를 잘하는 사람을 지칭한다.

원래 이 단어는 大侠의 오타에서 유래되었다. 중국어의 특성상 글자를 입력하기 위해서는 병음을 입력하고 한자를 찾아야 하는데, 大侠를 치기위해 daxia라고 병음을 입력하면 大虾가 제일 위에 보여진다.

이 과정에서 생긴 오타로 생긴 신조어이다. 그러나 大侠보다 大虾가 오히려 더 재미있다는 느낌이 네티즌 사이에 퍼지면서 大侠의 의미를 大虾가 대신하게 되었다.

大俠는 원래 의협심이 있고 무예가 뛰어난 사람을 존칭하는 말이었으나 인터넷 상에서는 비유의 의미로 컴퓨터를 잘하는 사람을 가리키게 된다.

다른 해석도 다음과 같다.

① 大俠의 원래 의미가 무거워서 해학적으로 해음 大虾를 사용하게 된 것.
② 하루 종일 인터넷 앞에서 어깨를 구부리고 있는 네티즌을 비유하여 생긴 말.

## 代沟[dàigōu]

新义는 세대 차이를 의미한다. 현대 중국에서도 80년대 이후 출생한 신세대와 이전 세대간의 가치관, 삶의 목표 등 여러 방면에서 차이가 발생하면서, 이러한 신조어가 요즘 널리 사용된다.

## 代排族[dàipáizú]

新義는 대신 줄 서주는 사람들을 지칭한다.

하남성의 한 여인이 대신 줄 서주는 직업으로 성공을 거두자 유행하기 시작한 신조어이다. 중국은 사람이 많기 때문에 어딜 가든지 줄을 서야 하는데, 실제로 자신이 필요한 일이지만 남에게 돈을 지불하여 대신 줄을 서주게 한다던가, 1분에 얼마 이런 식으로 돈을 책정한다던가 혹은 원하는 것을 달성 했을 시 돈을 지불한다던가 하는 방식이다.

예약이 불가능하고 꼭 줄을 서야만 하는 곳이라면 어디든지 해당된다.

예) 想找广州肿瘤医院的名医的看病, 听说一天只有五个号, 一般是要排队二十多个钟才能挂到, 我想找一下广州代人排队的人, 即代排族, 我愿意找个代人排队的, 一个钟十元代我排到号, 排到才给费用, 排不到我不给的哦, 有谁知道请说说.

什么时候要去啊°晚上我去帮你排, 哈哈.


### 单独二胎[dāndúèrtāi]

新義는 부부 두 사람 중에서 한 사람이 무남독녀 무녀독남일 경우 첫째 자녀가 쌍둥이가 아닌 이상 두 자녀까지 낳을 수 있는 정책(=单独二孩)을 지칭한다.

배경은 2013년 11월에 열린 제18기 중앙위원회 제3차 전체회의(3중전회)에서 부부 가운데 한 명이 독자이면 두 자녀까지 낳을 수 있도록 하는 정책을 도입하기로 발표했는데, 여기서 유래되었다.

중국의 '한 가구 한 자녀' 정책은 지난 40여 년간 산아 제한 정책으로 4억 명 이상의 인구를 줄이는 효과를 거둔 것으로 추정된다. 중국 당국에 따르면 산아 제한 정책으로 최대 17~18억 명에 달할 수 있었던 인구를 13억 명 수준으로 억제해 식량, 토지, 에너지 등 자원 소모를 20퍼센트 이상 줄일 수 있었다.

하지만 최근 중국에서는 산하 제한 정책으로 인한 노동인구 감소 현상이 나타나면서 이 정책을 완화해야 한다는 목소리가 높아지는 추세이다.

이에 따라 중국 공산당은 2013년 11월에 열린 제18기 중앙위원회 제3차 전체회의(3중전회)에서 부부 가운데 한 명이 독자이면 두 자녀까지 낳을 수 있도록 하는 정책을 도입하기로 했습니다.

单身贵族[dānshēnguìzú]

新义는 독신, 귀족, 화려한 싱글을 지칭한다.

현대 중국사회가 발전하면서, 결혼에 대한 부담에서 해방되어, 결혼을 하지 않고 독신으로 살며, 대신 자신의 수입으로 화려한 생활을 하는 일부 젊은층을 지칭하는 말이다.

## 导二代[dǎoèrdài]

新义는 부모 중 한 명이 감독이기 때문에 자기도 감독 직업을 하게 되는 자녀를 말한다.

유래는 최초에 张艺谋의 딸 张末를 전적으로 가리켰다. 张艺谋는 중국 가장 훌륭한 감독이며 그의 딸 张末도 아버지의 길을 따라 젊은 나이에 바로 감독이 되었다. 사람들이 张末의 아버지 때문에 张末를 导二代라고 부른다.


## 屌丝[diàosī]

屌丝[diàosī]는 돈도 없고 외모도 별로고 집안 배경도 없고 미래도 어두운 사람을 지칭하는 신조어로, 젊은이들이 즐겨 쓰는 말이다.

보통 남자는 男屌丝, 여자는 女屌丝라 부른다. 우리말의 흙수저에 해당된다.

이러한 단어가 생기게 된 유래는 개혁개방 이후 중국 사회가 빈익빈 부익부 격차가 점점 커지게 되었고, 특히 2030세대는 태어날 때부터 기회의 불평등이 많아지게 되었다.

이러한 모습들을 바탕으로 사람들이 '屌'라는 저속한 표현을 사용하여 스스로를 屌丝라고 부르기도 하고 욕으로도 사용하기도 한다.

이 단어는 갈수록 팍팍해지는 중국 사회의 단면과 좌절하는 중국의 20~30대 청년들의 고민을 잘 반영하고 있는 단어인 것 같다.

남자의 경우 결혼 전 사귄 여자친구 3명 이하, 20위안 이하의 담배, 10만 위안 이하의 차 등의 조건에 해당되면 男屌丝이라고 하고, 여자의 경우 거울을 보기 안 좋아하고, 매니큐어가 칠해져있지 안은 손톱, 반년이상 바꾸지 않은 헤어스타일 등이 女屌丝 의 조건에 해당한다고 한다.

하지만 여자의 경우에 성격은 착하지만 외모가 별루어서 남자들에게 관심을 못 받을 때도 쓴다고 한다.

반대되는 말로는 멋지고 잘생기고 부유한 남성인 엄친아 高富帅 [gāofùshuài]와 예쁘고 우윳빛 피부에 부유한 여성인 엄친딸 白富美 [báifùměi]가 있다.


### 地标店[dìbiāodiàn]

本义는 地标[dìbiāo], 즉 랜드마크라는 뜻이나, 新义는 联想기업이 내놓은 "컴퓨터 하향정책"계획 가운데, 현에 세워진 판매, 서비스, 교육, 광고와 상품체험이 다 갖춰진 联想컴퓨터 4S 상점을 지칭한다.

指在联想集团推出的 "电脑下乡"计划中, 设在县上的集销售, 服务, 培训, 宣传和产品体验于一体的联想电脑4S店.

## 低碳[dītàn]

新义는 적은 양의 이산화탄소를 배출하는 것을 가리킨다.

지구 온난화가 갈수록 심각해지는 상황에서 생겨난 단어로 사람들의 생태환경에 관한 관심과 환경보호에 대한 의식이 강화되었음을 반영한다. 특히 중국의 공기오염문제가 심각해지면서, 이러한 신조어는 뉴스나 신문 등에 자주 등장하고 있다.

## 低头族[dītóuzú]

本义는 머리를 숙이다, 굴복하다의 뜻이고, 新义는 스마트폰을 들여다보느라 항상 고개를 숙이고 다니는 사람들을 지칭한다.

低头族들은 밥을 먹으면서도 길을 걸으면서도, 대중교통을 이용하면서도 스마트폰을 바라보느라 앞을 보지 못해 교통사고도 자주 발생한다.

충칭에서는 이런 低头族들을 위한 전용 보도가 생겨나기도 했다고 한다. 중국의 스마트폰 보급이 5억 대를 돌파하면서 지하철과 버스에서 저두족이 넘쳐나게 됐다. 친구나 동료끼리 식사할 때도 얼굴 대신 스마트폰을 보고 얘기하는 경우가 적지 않다.

문제는 저두족이 가정까지 침투하여 70퍼센트가 자녀와의 관계에서 저두족 현상을 보이고 있다. 특히 어린 자녀가 부모와 소통이 적으면 애정 결핍에 걸리기 쉽고 이는 자녀의 대인관계, 사고력 등을 해친다고 지적되고 있다.

## 地王[dìwáng]

新义는 가장 값비싼 땅을 의미한다.

개혁개방 이후 중국에서 가장 쉽게 돈을 벌수 있는 수단으로 등장한 수단은 아파트나 땅의 전매이다. 이를 통하여 큰 돈을 번 사람들이 많아지자 이러한 신조어가 등장하였다.

## 地下钱庄[dìxiaqiánzhuāng]

新义는 개인적으로 경영하는 금융기관이나 비공식적인 금융 기구를 가리키며, 고리금 대출, 자금세탁, 그리고 암시장 거래 등 불법 행위를 통하여 운영한다.

## 电手镯[diànshǒuzhuó]

本义는 手镯[shǒuzhuó], 즉 팔찌라는 뜻이다.

新义는 프랑스에서 가정폭력을 예방하기 위해, 폭력적인 성향이 짙은 남편의 손목에 강압적으로 채우는 전자설비를 지칭한다. 최근 중국에서도 가정 내의 폭력이 사회 문제화되면서 이 같은 현상이 빈번하게 발생하고 있으며, 이를 반영하여 이같은 신조어가 생성되었다.

### 电蚊拍[diànwénpāi]

전기 모기채라는 뜻인데, 과학기술의 발달로 여러 종류의 전자제품이 대량으로 만들어짐에 따라 이러한 새로운 사물을 지칭하는 단어들 또한 새로 생겨나고 있다.

电蝇拍[diànyíngpāi]는 전기 파리채라는 뜻이다.

### 电子客票[diànzǐkèpiào]

新义는 전자항공권이라고도 일컫는 것으로, 예약, 결제, 탑승수속에 이르는 모든 과정이 네트워크컴퓨터로 이루어지는 항공권을 뜻한다. 최근 중국에서도 모든 일상생활에 IT 기술이 접목되면서 생활의 편리함을 추구하고 있는데, 이같은 현상이 반영된 신조어이다.

**电纸书[diànzhǐshū]**

新义는 전자책. 전자기기를 이용하여 읽는 콘텐츠를 지칭한다.

즉, 과학 기술의 발달로 여러 종류의 전자제품이 대량으로 만들어
짐에 따라 이러한 새로운 사물을 지칭하는 단어들 또한 새로 생겨나
고 있다.

**吊瓶族[diàopíngzú]**

新义는 약을 먹어도 나을 수 있는 병이 걸렸음에도 향상 약을 안
먹고 반드시 링거를 맞는 사람들을 가리키는 말이다.

중국 교육부가 2007년 8월에 중국어 신조어에 吊瓶族라는 단어를
공포했다.

**顶[dǐ ng]**

本义는 꼭대기, 정수리, 최고점 등의 의미이고, 新义는 인터넷 용
어로 누군가가 쓴 댓글이나 내용에 지지하다, 공감한다는 것을 나타
낼 때 쓰인다.

처음에는 단순히 댓글로 달기 시작했던 것이 지금은 "추천" 기능

에서 쓰이는 기본적인 용어로 자리 잡았다. 한국에 "추천"이 있다면 중국에는 "顶"이 있다.


### 丁宠家庭[dīng chǒng jiā tíng]

新义는 아이를 갖지 않고, 애완동물을 자식처럼 여기며 키우는 가정을 일컫는 말이다. 정상적인 부부생활을 하면서도 의도적으로 자녀를 두지 않는 맞벌이 부부를 일컫는 딩크(丁克)족과 애완동물을 뜻하는 펫(pet)의 합성어. 즉, 딩펫족 이라고도 한다.

우리말로는 맞벌이 애완족이라고 할 수 있다. 宠[chǒng]은 애완동물 宠物[chǒng wù]에서 가져온 말이다.


### 斗地主[dòudìzhǔ]

本义는 농민과 지주 계급의 투쟁을 지칭하며, 新义는 한국의 화투처럼 중국에서 가장 유행하는 카드게임을 가리킨다.

즉, 斗地主는 카드게임의 일종으로 계급투쟁과 관련된 토지개혁운동이자 포커게임이다. 총 54장으로 최소 3명이 진행하는데 그중 한 명은 지주가 되고 나머지 두 명은 상대방이 되어 격전을 벌이는 것이다. 먼저 카드를 다 내는 팀이 이기는 것으로 이 카드게임은 중국 호북성 무한시에서 처음 유행되었고 현재 각지에서 유행중이다.


## 都敏俊xi[dōu mǐn jùn xi]

의미는 '도민준씨'이다. 중국에서 한국 드라마 '별에서 온 그대'가 큰 인기를 얻었는데, 극 중 주인공인 천송이가 상대 배역 도민준을 부를 때 '(도민준)~씨'라고 자주 부르는 것을 중국 팬들이 흉내 내어 "도민준xi(都敏俊xi)"라 부른다고 한다.

실제로 중국 최대의 포털사이트 바이두에서 '도민준'을 검색하면 "도민준xi"가 자동으로 완성된다.


## 独二代[dú èr dài]

新义는 2대째로 외동딸이나 외동아들일 경우에 쓰는 말이다.

즉, 중국이 1가구 1자녀 정책을 하게 되면서부터 나오게 된 것인데, 세대가 내려갈수록 가족 수가 늘어가던 예전과는 달리 최근에 가족 수가 4명에서 2명, 2명에서 1명으로 줄어드는 현상을 뜻하는 단어이다.

요즘의 중국의 전형적인 사회상을 나타내는 단어라고 할 수 있다.

**断舍离[duànshělí]**

新义는 '끊고 버리고 떠나라', 쓸데없는 것을 버리고 한 가지 일에 몰두하라라는 뜻이다.

일본의 가정 컨설턴트이자 작가인 야마시타 히데코가 쓴 '断舍离'는 일상에서 불필요한 것들을 끊고 버리고 이별하자는 식으로 집안 살림에서 버리고 잘 치우기만 해도 행복해진다는 내용을 담고 있다. 한때 일본에서는 '단사리' 열풍이 불었고 한국에서도 '버림의 행복론'이라는 제목으로 출간됐다. '断舍离'는 현대 생활의 이념으로 자리 잡아 사회의 각 방면에서 쓰인다.

예를 들어 의사들은 "고혈압을 치료하려면 断舍离해야 한다(治疗高血压要断舍离)", 교사들은 "어문과목을 잘하려면 断舍离해야 한다(上好语文课也要断舍离)"고 말한다.

**duāng**
**甮**

자료 출처: 바이두

의성어로 쨍, 굿, 별로, 짜증 등의 의미를 나타낸다.

2004년 어느 한 인터뷰 내용에서 성룡이 타이완의 모 발모 샴푸 광고를 제안받고 이 샴푸를 사용했는데, 효과는커녕 오히려 모발이 부실거리고 이상했다는 내용으로 성룡이 웨이보에 "so duang today!"라고 이 단어를 언급하면서 엄청난 화제가 되었다. 이 유행어는 인터넷에 빠르게 퍼져나갔고 인터넷 용어로 자리 잡았다.

Duang은 한자가 없지만 사진과 같이 성룡의 이름을 세로로 나열해놓은 모양으로 글자가 생겼다. 덧붙여 설명하자면 duang은 의성어로 정확한 뜻은 없고 부정적, 긍정적 상황에서 쓰는 걸로 그냥 의미 없이 막 쓰는 용어이다. 마치 미국 애니메이션 시리즈 '심슨 가족'에 나오는 호머의 비명소리 도우와 같은 느낌입니다.

또한 뒤에 오는 단어의 뜻을 강조하기 위해 사용하기도 한다. 예를 들어 고양이가 '두앙' 귀엽다 등으로 쓰인다.

아직 정식 한자로 채택되진 않아서 한자 병음입력기에서 입력할 수 없고, 사전에서도 찾아볼 수 없는 한자이다.

양회에 참석한 바이두 회장은 인터넷플러스 시대의 도래를 설명하면서 그 증거로 두앙을 언급하여 두앙이라는 정체불명의 단어가 많은 의미를 담을 수 있고 신비한 존재가 된 것이 바로 인터넷의 힘이라고 설명했다.


## 躲猫猫[duǒmāomāo]

本义는 술래잡기이다. 新义는 몰염치한 오리발. 인민의 무기력을 호소한다는 뜻이다. 윈난성 쿤밍시 진닝현 공안국 구치소에 수감 중이던 24세의 청년 리차오밍이 갑자기 사망하자 공안 당국은 "감옥 내에서 동료들과 술래잡기 놀이를 하다가 벽에 머리를 부딪쳐 사망하게 됐다"고 설명한다.

공안당국의 이 같은 해명이 인터넷에 공개되자 躲猫猫는 공권력의 남용과 이에 대한 인민의 무기력을 호소하고 불신감에 반발하여 비아냥거리는 말로 쓰이고 있다.

이와 비슷하게 쓰이는 단어로 '俯卧撑'이 있는데 '팔굽혀 펴기'를 뜻하는 俯卧撑은 중국 구이저우의 한 여학생이 자살한 뒤 자살현장에 함께 있었던 남자친구가 경찰에 "나는 팔굽혀펴기에 열중하고 있어 자살하는지 몰랐다"고 진술하면서 이 말은 황당무계 모르쇠를 꼬집는 말로 널리 퍼졌다.


## 剁手[duòshǒu]

新义는 쇼핑에 중독되어 손을 잘라야 한다는 뜻이다.

즉 剁手[duòshǒu]는 중국어로 '손을 자르다'는 뜻인데, 쇼핑에 중독되어 손을 잘라야 한다는 의미로 지나친 충동구매를 하는 사람을 지칭해서 쓰는 신조어이다.

최근에 온라인 쇼핑을 하는 사람들이 점점 증가하면서 중국에서는 온라인 충동구매를 하는 사람을 가리키는 剁手族라는 말까지 생겨났다.

중국 최대의 오픈마켓인 타오바오 이용자 중에도 剁手族가 많다고 한다. 이들은 적어도 하루에 한 번 이상 쇼핑을 하고, 연간 몇 달치 급여를 인터넷 쇼핑에 쏟아붓는다고 하는데, 剁手族중에는 여성이 67퍼센트이며, 25~34세가 다수를 차지하고 있고 특히, 직장여성들이 많다.

직장 여성들은 오프라인 매장을 일일이 둘러볼 시간이 부족해서 자연히 인터넷 쇼핑에 의존하게 되었다.

초기의 온라인쇼핑은 부수적인 구매 수단으로 사용되었지만, 현재는 살림살이와 관련된 모든 제품을 인터넷을 통해 활발하게 구매하게 되면서 중국인들의 주된 구매 수단이 되었다.

이러한 현상이 일어난 이유는 다양한 상품을 비교할 수 있다는 온라인 쇼핑의 장점 이외에도 결제조건의 우수함과 구매절차의 간단함과 같은 편리성 때문에 중국인들이 온라인 쇼핑에 열광하는 것 같다.

앞으로 몇 년 내 지금과는 비교가 되지 않을 정도로 인터넷 쇼핑객이 크게 늘어날 것으로 예상된다.


# E


二奶[èrnǎi]


本义는 몰래 사통하는 여자, 첩, 작은 마누라라는 뜻이다.

新义는 남자의 젊고 예쁜 정부라는 뜻인데, 二奶의 奶는 여성의 유방을 가리키며, 이에 두 번째 가슴이라고 해서 본처 외의 다른 불륜 관계의 여성을 일컫는 말로 쓰인다.

주로 여대생으로 어떤 대가를 바라고 남성과 일종의 거래 관계에 속하게 되며 때로는 깨끗한 뒷정리를 위해 계약서를 작성하기도 한다. 비교적 고소득이므로 대학졸업시기가 되면 인터넷상의 二奶가 되기 위해 여대생들이 쏟아져 나왔으며 이를 직접적으로 모집하는 광고 또한 비일비재했다.

때문에 사회적인 문제로 이슈화되었고 현재는 단속으로 인해 이러한 모집 사이트들이 폐쇄되었지만 여전히 암암리에 이루어지고 있다.

또한 裸官들은 해외자금 도피 시 二奶를 이용한다고 한다. 즉, 二奶는 단순히 불륜관계를 넘어서 裸官과 같은 고위계층, 상류층 등의 비서와 같은 역할도 함께 수행한다.


# F


## 返航门[fǎnhángmén]

新义는 2008년 3월 31일과 4월 1일 이틀 동안 동방항공사 윈난 지사의 성내 8곳의 18개 항공편이 어떤 사정으로 인하여 목적지에 거의 다 와서 다시 회항한 일로 인해 1,000여 명이 공항에서 발이 묶이게 된 사건을 말한다.

## 范跑跑[Fànpǎopǎo]

사천성 江堰光亚학교 교사인 范美忠은 2008년 5월 12일 대지진 당시 반 학생들을 방치한 채 혼자 도망가 생존했다. 范美忠은 이로 인해 '范跑跑'라는 별명을 얻게 되었다.

이 호칭은 이후 개인주의라든지, 곤경에 처했을 때 타인을 돌보지 않고 자기 자신만을 보호하는 사람을 일컫는 말이 되었다.

사건이 일어나고 范美忠과 인터뷰를 했는데 그는 "나는 원래 용감하게 헌신하는 사람이 아니다. 그저 자신의 생명에만 관심이 있다. 너희는 몰랐냐? 저번에 한밤중에 불이 났을 때도 나는 빨리 도망쳤지 않느냐?"라고 변명을 했다. 그리고 이어서 "나는 자유와 공정을 추구하는 사람이다. 남을 먼저 배려하고 나를 생각하는 용감하게 자아를 희생하는 사람이 아니다. 이런 생사선택의 순간에, 나의 딸을 위해서라면 비로소 자신을 희생할 것을 생각해보겠다. 다른 사람이라면 설사 나의 어머니라고 하더라도 이런 상황 하에서 나는 신경 쓰지 않을 것이다. 왜냐하면 어른은 내가 안고 뛸 수 없기 때문이다. 조금도 지체해서는 안되는 순간에 한명이라도 도망칠 수 있는 만큼 도망쳐야 하는 것이다. 만일 위험이 커서 내가 너희와 함께 죽는다면 아무런 의미가 없다. 만일 위험이 없어서 내가 너희를 돌보지 않더라도 너희는 위험하지 않을 것이다. 하물며 너희는 이미 17, 18세가 된 사람이다"라고 변명을 해서 중국사회를 충격에 빠트렸다.

**翻篇儿[fānpiānr]**

本义는 책장을 넘기다라는 뜻이다.

新义는 이미 지나간 일이니 다시 언급하지 말고 잊자는 뜻이다.
翻篇이라고도 사용한다.


**房姐[fángjiě]**

부당한 방법을 통해 여러 개의 부동산을 소유한 특정 계층을 비하
는 말로, 한국에서 예전에 사용되던 '복부인'이란 의미와 유사하다.

산시성 선무현의 한 사람이 베이징에 무려 44채의 부동산을 가지
고 있는 게 알려지면서 인터넷상에서 유명세를 떨치게 되었고 신조어
로 만들어졌다. 실제 베이징이나 상하이 등 중국 대도시에서는 1인 1
호구제를 운영하고 있는데 이 복부인들이 불법으로 여러 개의 호구를
만들고 이를 이용해 부동산을 사들이는 것이 문제가 되는 것이다. 한
국과는 그 금액 수준이 차원이 다르게 크다.

* 보충 설명
이 사건은 神木县의 농상은행 부행장 龚爱爱가 불법으로 후코우
를 위조하여 북경에 44채의 부동산을 소유한 사건인데, 4개의 후코우
를 사용하여 화제가 되었다. 중국은 다른 지역의 부동산을 구매 할 경

우 서류와 절차가 복잡하기 때문에 이러한 불법 행위가 종종 등장한다.

이 여성은 불법신분보유, 공문서위조 등의 이유로 3년형을 선고받았지만, 엄청나게 많은 재산을 축척한 과정에 대한 의혹에 대해서는 아무런 혐의가 없다는 조사결과와 함께 벌금형조차 받지 않았다.

결국 이 여성은 3년의 형을 마친 후 사회로 나오게 된다면 수많은 재산들을 고스란히 다시 소유할 수 있게 된다.


### 房族[fángzú]

新义는 부동산족, 이중 호적등을 이용하여 불법으로 수십 채의 주택, 부동산을 보유하다 적발된 고위공직자들을 지칭한다.

房族는 처음 산시성 선무현의 농촌산업은행 부행장이 무려 시가 10억 위안, 우리 돈으로 1,700억 원 정도규모의 20채의 주택을 보유하다 적발된 것을 빗대어 표현했다고 한다.

'房姐'나 '房叔', '房妹' 등도 일맥상통하는 단어이다.

로이터 통신은 "중국인들이 房族의 등장에 분노하는 것은 안 그래도 높은 부동산가격의 인상을 그들이 조장하고 있기 때문"이며 "부동산 투기는 현재 중국에서 가장 민감한 사안"이라고 지적했다.

飞特族[fēitèzú]

'자유롭다'를 뜻하는 영어 'free'와 '근로자'를 뜻하는 독일어 'arbeiter'의 합성어인 'freeter족'은 일본에서 처음 만들어져 유행하기 시작했고, 이후 중국에 들어오면서 신조어가 되었다.

페이터족은 장기적인 직장을 구하기를 거부하고 자신들이 돈을 필요로 하는 경우에만 아르바이트 같은 단기적으로 할 수 있는 일을 찾아서 하는 사람들을 말한다. 이들은 여행을 즐기거나 집에서 칩거할 정도의 돈이 모아질 때까지만 일을 하고 그만둔다.

페이터족의 이념은 "爱做就做, 爱玩就玩, 自由自在, 不用老是要看老板脸色(일하고 싶을 때 일하고, 놀고 싶을 때 놀고, 자유자재로 하며, 날마다 사장의 얼굴을 볼 필요가 없다)"이다.

이처럼 이 용어는 집단에 적응하기를 거부하고 상사의 명령을 받으며 일하기를 극도로 싫어하는, 자신의 자유를 위해 스스로 이러한 선택을 한 젊은이들을 주로 일컫는다. 하지만 최근 경제난 심화로 인해 고용불안이 생겨나면서 어쩔 수 없이 페이터족이 된 젊은이들도 일부 생겨났다고 한다.

\* 보충 설명

프리터족이라는 용어는 일본에서 처음 유행했지만 점차 비슷한 사회현상이 일어나는 나라들로도 퍼져나가면서 하나의 사회용어가 된 것이다. 우리가 앞서 배웠던 캥거루족, 니트족처럼 한국에서도 종종 쓰이고 있는 용어이지만 일본에서 쓰이는 프리터족과 한국에서 쓰이는 프리터족의 의미에는 약간 차이가 있다.

일본에서 말하는 프리터족은 처음 만들어질 당시의 뜻대로 주로 자신의 자유를 추구하는 젊은이들이 자발적으로 아르바이트를 생계수단으로 선택한 경우를 의미하지만, 한국에서의 프리터족은 고용불안과 같은 이유로 점점 '자유를 추구하다'라는 의미는 사라지고 비자발적으로 아르바이트를 생계수단으로 삼는 사람들을 의미하게 되었다.

또한 일자리를 잃는 중장년층이 늘어남에 따라 그 대상이 젊은 층에만 국한되지 않고 40~60대의 중장년층까지 그 범위가 크게 넓어졌다는 점이 특징이다.

또 한 가지 생각해볼 점은 일본과 같은 경우에는 시급이나 아르바이트 환경 등의 문제를 고려했을 때 아르바이트만으로 생계를 유지하는데 비교적 괜찮은 요건들을 갖추고 있지만, 한국의 경우 최저시급도 굉장히 낮을뿐더러 아르바이트생에 대한 대우나 복지환경 또한 좋지 않은 편이기 때문에 한국에서 아르바이트만으로 생계를 유지하는 것은 굉장히 어려운 일이라고 할 수 있다.

현재 중국에서 쓰이는 프리터족의 의미는 일본에서 쓰이는 의미와 더 가깝다고 볼 수 있지만 한국과 같이 취업난으로 전혀 '프리'하지 않은 프리터족이 늘어나는 추세이다.

## 飞鱼族[fēi yú zú]

新义는 중국에서 성공을 거두었으면서 굳이 외국으로 떠나 새로운 도전을 시작하는 사람들을 지칭한다. 비어족(날으는 물고기족)은 MBA를 소재로 한 소설 〈파리의 나는 물고기〉에서 유래된 말로서 이미 국내에서 적지 않은 성공을 거두었으나 모든 것을 포기하고 외국의 유명학교에 가서 공부하는 특수한 중국인 그룹을 말한다.

① 해외로 도망간 걸출한 화이트칼라계층을 조롱하거나 비꼬는 말로 사용
② 자신의 인생에 맞는 것을 찾기 위해 도전하는 사람을 표현.

이러한 도전은 단순히 도전하는 것 뿐 만 아니라 도전을 만들고 , 이러한 도전 속에서 자신을 실증하기 위함이다. 페이위족은 이러한 환경에 흥분감을 느끼고 성취감도 느끼는 사람들이다.


## 粉丝[fěnsī]

本义는 녹말로 만든 당면이나, 新义는 영어의 'fans'와 발음이 비슷하여 가수나 연예인의 팬이라는 의미로 쓰이고 있다. 2000년대 이후 중국에서 한류가 유행하면서 이러한 粉丝들이 증가하고 있는 추세

이다.


## 粉丝买卖[fěnsīmǎimai]

新义는 微博에서 팬 아이디를 거래하는 행위를 말한다.

즉 微博에서 인기도와 팬 수는 정비례하기 때문에 많은 사람들이 자기 微博의 인기도를 높이기 위해 팬 수를 열심히 올리고 있다. 인터넷 상인들이 이 좋은 기회를 잡고 팬 아이디를 판매하기 시작하였다.

불법 프로그램을 통해 微博 아이디를 만들어서 微博 사용자에게 판다. 가격은 10个粉丝 = 1元이다. 이러한 아이디는 다른 용도 없이 단지 팬 수를 증가시키기 위함이다.


## 奉子成婚[fèngzǐchénghūn]

新義는 속도위반 결혼을 말한다.

뱃속에 태아가 있는 상태. 즉 임신을 하고 결혼하는 것을 말한다. 혼전임신은 예전에는 그다지 좋지 않은 시선으로 비쳐졌는데, 요즘은 '혼수'라고 할 정도로 사람들의 인식이 관대해진 것 같다. 보통 한국은 결혼을 먼저 하고 혼인신고를 하는 반면에 중국은 혼인신고를 하고 결혼식을 한다.

시대가 발전하면서 사회도 발전하여 연예인들도 당당하게 공개하고 이와 관련된 드라마도 생겨남에 따라 사람들의 인식이 조금 관대해진 것 같다.

* 领结婚证 : 혼인신고를 하다


## 富二代[fù'èrdài]

新义는 부모의 부를 대물림한 사람, 즉 재벌 2세를 지칭한다.

富二代[fù'èrdài]는 '부유하다'는 뜻의 富[fù]와 '2세'를 뜻하는 二代[èrdài]가 합쳐진 단어로 부모의 부를 대물림한 사람, 즉 재벌 2세를 일컫는 신조어로 주로 부정적인 의미로 사용된다.

그러나 이 단어는 처음부터 부정적인 의미로 사용된 것은 아니다. 문화대혁명 이후에는 그저 부모의 부를 이어받은 사람을 뜻하는 말이었으나, 최근에는 세습에 대한 젊은 사람들의 불만이 확산되면서 현재는 부정적인 의미로 사용이 된다.

이들은 어려서부터 부유한 환경에서 자란 탓인지 돈 씀씀이도 크고, 위법 행위도 서슴없이 한다. 실제로 교통 법규를 위반한 후 단속 경찰을 폭행해 숨지게 하고, 명품 외제차를 타고 음주운전을 하다가 사람을 죽이는 일을 일으키고도 오히려 경찰에게 "내가 누구 자식인지 알아?"라고 큰소리치며 적반하장의 태도를 보인 사건도 있었다.

자신의 부모들의 힘을 믿고 제멋대로 하는 행동은 빈익빈 부익부 현상으로 인한 사회적 불평등을 심화시키는 사회문제로 발전되고 있다. 반대되는 말로는 가난을 물려받은 젊은 세대를 가리키는 贫二代[pínèrdài]가 있다.

## 夫妻对员工[fūqīduìyuángōng]

新义는 부부 두 사람이 한 회사 혹은 한 기업에 재직하고 있는 현상을 지칭한다.

指夫妻二人同在一个公司或企业任职的员工。多指农民工员工。

중국의 대도시에 거주하는 젊은 부부는 거의 대부분 맞벌이를 하는데, 이들 중 상당수가 가장 많은 시간을 함께 보내는 한 회사 혹은 기업 내에서 반려자를 구하고 있다. 이같은 현상이 많아지면서 만들어진 신조어이다.

## 富裕病[fùyùbìng]

원래는 富裕[fùyù] 부유하다 + 病[bìng] 병이라는 뜻이다.

新義는 ① 풍요로워질수록 더 많은 것을 추구하는 과소비중독 증상, ② 비만이나 심혈관 질환, 당뇨병 등 풍요로운 삶을 누림으로써 얻게 된 질병 등을 일컫는다.

중국의 경제 수준이 향상되면서 부유한 사람들이 늘어났고, 풍요로워질수록 끈질기게 더 많은 것을 추구함으로써 초래되는 정신적인 불안이나 건강의 악화 등으로 오히려 이들에게 부정적인 영향을 끼치는 경우가 생겼다.

쇼핑중독, 채워지지 않는 욕구로 인한 과도한 스트레스, 과로, 낭비, 비만, 당뇨병 등이 부자 병을 포함될 수 있다.

다시 말해, 풍요로워지면서 생기는 부정적인 영향을 통틀어 이르는 말로 물질적으로는 급격히 성장했지만 정신적으로는 이에 따라가지 못해 생기는 병이다. 또한 과도한 경제적 성장과 아메리칸 드림을 좇는 과정에서 발생한 것이다.

이것은 부자들의 과소비주의를 비판하는 사람들이 주로 부자들을 비판하며 사용하고, 영어로는 '어플루엔자'라고 말할 수 있다.


浮云[fúyún]

本义는 뜬구름이다.
新义는 무의미한 것을 가리킨다.

영화 소림축구에서 처음으로 浮云이라는 단어가 나오게 되었는데 후에는 모든 것이 浮云이라는 말을 많이 쓰게 되었다. 즉 浮云은 모든 것이 허세이고 의미없는 일이라는 뜻으로 소극적으로 쓰이게 되었다.


# G


## 感冒[gǎnmào]

本义는 감기, 감기에 걸리다이다.

新义는 관심이 있다, 흥미가 있다, 좋아하다라는 뜻이다.

영화 《蛋挞王子》에서 관심이 있다는 것을 나타낼 때 사용된 이후로 새로운 의미가 생겼다. 이같은 현상은 현대중국의 대중문화 역시 사회·문화적으로 그 파급력이 매우 커졌음을 의미하는 신조어이다.


## 干物女[gānwùnǚ]

최근 20~30대 여성들 중에 직장에서는 깔끔한 오피스레이디지만 집에만 오면 추리닝에 오징어에 맥주를 마시고 만화책을 즐기며 쉬는 사람들을 말한다.

연애에는 크게 관심이 없고 몸이 일에 지쳐 피곤하니 집에서 쉬

는 게 더 좋은 여자들이다. 주말에도 피곤해서 잠만 자느라 연애 세포
가 말라버려 이성에게 점점 관심이 없어지고 건어물처럼 됐다고 해서
'건어물녀'라고 한다.

일본에서 건너온 단어로 일본 만화 '호타루의 빛'에서 여주인공이
'건어물녀'로 나온 적이 있다.


### 高大上[gāodàshàng]

新义는 (사람, 사물 등이) 품위 있고 격이 있다 (높다), (사물이) 고
급품이다라는 뜻이다. 즉 高大上은 高端[gāoduān], 고급스럽다, 大气
[dàqì], 당당하다, 上档次[shàngdàngcì], 품위있다를 의미하는 단어가
축약된 함축어이다.

영어로는 Luxury, Large, Level up을 줄여 LLL/3L이라고도 한다.

TV 드라마 '무림외전(武林外传)'과 영화 '갑방을방(甲方乙方)'에
서 이 단어가 사용되면서 高大上의 사용률과 인지도가 높아져 일부
대중 매체에서도 종종 인용된다고 한다. 高大上은 사람뿐만 아니라
물건, 작가, 친선경기 등에도 광범위하게 사용한다.

예) 你的手机真的高大上啊!!!!(너의 휴대폰 정말 고급스럽다!!!!)

## 高考移民[gāokǎoyímín]

'高考'(대학입학고사)는 중국의 땅이 넓고 인구가 많아 각 성, 시, 자치구 마다 시험 출제 문제가 각각 다르다는 특성을 가지고 있다. 각 대학교에서는 중국 교육부가 정한 학생을 받아야 하기 때문에 지방의 학생들은 월등히 우수한 성적을 가지고 있어도 명문 대학에 합격할 가능성이 북경 소재 고교 학생들 보다 낮다는 문제점을 가지고 있다.

이러한 문제점으로 高考移民이라는 단어가 생겨났는데 高考移民은 대학정원 모집 학생 수가 비교적 많은 베이징과 상하이 등으로 주소지를 옮기거나 경제 수준이 낮고 高考 커트라인이 낮은 지역으로 이민을 가는 현상을 말한다.

부모님의 교육열이나 학생들이 좀 더 좋은 대학교를 가고 싶은 욕심에 이런 신조어가 만들어졌다.


## 公司驻虫[gōng sī zhù chóng]

新义응 회사나 회사 근처에서 식사, 헬스, 레저, 오락 심지어 연애까지 하는 회사원으로, 일벌레라는 뜻이다.

公作狂이라고도 하나 公司驻虫가 더 많이 쓰인다.

최근 중국은 퇴근 시간이 날로 늦어지고 퇴근한 뒤 집에 가기 싫어하는 화이트칼라들이 갈수록 많아지는 추세라고 한다. 일이 바빠 많은 시간을 회사에 바치면서 화이트 칼라들의 생활이 '회사화'되고 있기 때문이다.

대표적인 예로 광저우, 심천, 상하이, 베이징 등 경제가 급속 발전하고 있는 도시에서 이는 일종의 추세가 되는 중이다.

이들 대부분이 23~35세 사이에 있는 젊은이들로 사람들이 부러워하는 IT 연구개발, 광고, 미디어 관련 업종, 마케팅 등의 직업에 종사하고 있다.

월급이 높고 근무환경이 우월하며 영원히 실업위기도 없는 이들은 초과근무와 창의력 고갈 및 외부 사회와 연락단절의 생활로 스트레스를 많이 받고 있다.

그런데 사실 그들은 야근을 하지 않아도 갈 곳이 없다고 한다. 대학교를 졸업한 시간이 짧거나 타지방에서 건너와 일을 하기 때문에 아직은 안정적인 사회관계가 없기 때문이다.

이들은 '아무리 둘러봐도 말을 건넬 만한 사람은 동료밖에 없다'라고 말할 만큼 사회관계가 부족하다.

이 밖에 다른 이들은 취직한 시간이 짧아 한정된 소득으로 주택임대로, 교통비용 등을 지불하고 나면 도시오락 생활을 할 여유가 거의 없기 때문이라고 한다.

11시까지 야근을 하고 집에 돌아와 잠자리에 들면 새벽 1시가 되는 일이 흔하다고 한다. 그래서 이들은 항상 바삐 보내다가 야간근무를 하지 않아도 되면 도리어 습관이 되지 않아 방황하는 경우가 많다.

어떤 회사는 전문휴식용으로 사무실 한 칸을 비워둬 저녁에 집에 돌아가기 싫어하는 직원들이 사용하도록 한다. '이들은 1년이 지나도록 낯선 사람을 보지 못할 만큼 생활이 완전히 회사화되었다'라고도 말할 수 있다.

### 共享券[gòngxiǎngquàn]

本义는 함께 누리다이다.

新义는 정해진 기한 내에 지정된 관광지, 호텔, 상점, 농가 등에 가서 저가에 소비를 할 수 있는 여행지에서 배분한 지불 증명서를 지칭한다.

指旅游景区发放的一种可以在一定时限内到指定景区, 饭店, 商场, 农家乐进行抵价消费的支付凭证.

### 股票寡妇[gǔpiàoguǎfu]

新义는 주식 투자에 열을 올리는 남편 때문에 독수공방 신세가 된 여성을 지칭한다.

중국 정부가 경기 부양을 목적으로 기준금리 인하, 부동산 담보대출 규제 완화 등의 정책을 내세우자 주식투자 열풍이 몰아치게 되었고, 이러한 중국의 분위기를 반영하여 '주식과부'라는 말이 등장하였

다. 주식과부란 말은 월드컵대회 기간 축구경기를 보는 남편 때문에
외로운 처지에 놓인 아내들을 가리킨 ’월드컵 과부(足球寡妇)’라는 말
에서 파생되었다.

최근 온라인 커뮤니티에 이러한 상황에 처한 여성들의 하소연이
잇따르고 있다며 누리꾼들은 이러한 여성들에게 ’주식과부’라는 별명
을 붙여주며 확산되었다고 한다.

2013년 11월부터 상승장에 진입한 중국 증시는 주가가 계속 오르
면서 투자자들의 열기가 최고조에 달한 상태로 현재 중국 주식투자
자는 1억 명에 달하는 것으로 분석되고 있다. 이른바 ‘국민 주식 투자
시대’가 도래한 셈이다.

하지만 동시에 공무원 등 안정적인 직업을 그만두고 전업 투자에
뛰어든다든지, 빚을 내서 투자하는 현상도 비일비재하게 나타나면서
중국 주식투자 과열에 대한 경고음도 나오고 있다.


官呆子[guāndāizi]

新义는 무능하고 어리석은 관리를 뜻한다.
즉 ‘书呆子’, 공부만 알고 세상일에는 어두운 사람이란 신조어를
모방해서 만든 또다른 신조어이다.

## 灌水[guànshuǐ]

本义는 논에 물을 대다이다.

新义는 인터넷 게시판에 짧은 글을 올린다는 의미로 쓰인다.

즉 별 의미도 없는 리플을 도배하는 듯하는 행위를 지칭하는 것으로 원래는 BBS(중국 온라인 카페)에서 '별 의미가 없는 글'이란 의미로 사용되었었다.

## 闺密[guīmì]

新义는 여자 친구들 사이에 가장 친한 친구 관계를 가리킨다. 한국어의 '베프(베스트 프랜드)'에 해당된다.

闺는 규각, 규녀, 규방의 '규'뿐만 아니라 일생 중 여자끼리만 통할 수 있는 감정을 말한다. 여자는 일생동안 마음을 터놓을 수 있는 지인이 극소수인데, 자손이 많아도 그들의 교류에 전혀 영향을 끼치지 않는다.

설령 있다 하더라도 이성에게는 말할 수 없는 극히 사적인 부분들이 있고, 또 어떤 일들은 이성에게 하게 하면 오히려 귀찮아질 뿐이다라고 본다.

闺中蜜友의 줄임말로, 闺中은 여자아이의 방, 蜜友는 친한 친구라는 뜻으로서 자신의 방에서 같이 노는 친한 친구, 즉 정말 친한 친구들을 일컫는 말이다.

반면에 铁哥们(tiěgēmen)은 남자들끼리 쓰는 절친, 베프라는 표현
이다. 즉 철처럼 단단한 형제라는 표현으로 그만큼 두터운 신뢰감을
형성한 사이에 사용한다.


## 国籍门[guójímén]

新义는 일부 운동선수나 연예인의 국적 문제로 불거진 사건을 가
리키는 말이다.

특히 운동 선수의 경우, 타국의 유명 선수를 중국 대표로 선발하기
위하여 편법을 쓰는 경우가 많은데, 이러한 일련의 사건들이 일거에
폭로되면서 '국적 케이트'가 발생하였고, 이같은 사회 현상을 대변하
기 위하여 이같은 신조어가 생성되었다.


## 国际消费券[guójìxiāofèiquàn]

本义는 국제 상품권이며, 新义는 베이징 秀水시장이 소비를 촉진
시키기 위해 외국여행객을 상대로 나눠준 일종의 상품권을 말한다.

秀水시장은 북경 최대의 짝퉁시장으로, 특히 외국인들이 북경을

관광할 때 반드시 들리는 곳이며, 서양인 및 동양인 관광객들은 이 시장에서 대량의 소핑을 했다.

최근 秀水시장이 리모델링을 하면서 마치 백화점과 같은 쇼핑환경을 조성하는 과정에서 임대료가 올라 많은 업체들이 이곳을 떠났으며, 남아있는 업체들과 매출이 전과 같이 않아서 임대료 내기가 버거운 실정이다.

이 같은 상황을 고려하여 외국인들을 대상으로 일종의 상품권을 판매하여 秀水시장의 매출을 늘리려는 시도를 하고 있다.

### 过劳肥[guòláoféi]

新义는 스트레스로 살이 찌다라는 뜻이다.

현대 중국사회를 살아가는 대부분의 사람들은 보다 나은 삶의 질 확보를 위하여 매일 매일 반복되는 고단한 일상을 살아가고 있는데, 최근 이같은 스트레스를 먹는 것으로 해결하고자 하는 일부 젊은층이 확대되면서 이같은 신조어가 등장하였다.

### 过劳死[guòláosǐ]

新义는 과로사이다.

일본에서 유래된 것이며, 이러한 "过劳死" 현상을 예방하기 위해 2011년 3월 대만정부는 "劳动基本法"을 개정하였다.

중국에서는 2012년 10월, 최근 몇 년간 과로사로 인해 사망한 사람이 60만 명에 이르다는 연구 결과를 발표하였다.

경쟁이 치열한 현대중국사회의 일면을 보여주는 신조어이다.


## 过年综合症[guònián zōnghézhèng]

'过年'은 명절(설)을 보내다라는 뜻인데, 이 단어와 综合症, 즉 '증후군'이라는 단어가 합하여져 만들어졌다.

우리나라도 '명절병'이란 말이 있듯이, 명절을 떠올리면 괴로운 사람들이 있는데, 이들은 우울함, 조급함, 짜증과 같은 불안한 정서를 보이기도 하고 심지어는 가슴이 답답하거나 어지러움 및 두통을 호소하기도 하며 온몸에 기운이 빠지는 증상을 겪기도 한다.

이러한 증상을 바로 '명절증후군'이라고 부른다.

즉, 해마다 춘절(설)을 맞이하여 고향이나 본가에 내려가면 체면치레 한다고 돈을 많이 쓰거나 결혼을 해라, 더 좋은 직장으로 옮겨라 등의 잔소리를 많이 듣는 경우가 종종 있는데, 이런 것이 바로 고향에 내려가는 것이 스트레스가 된다. 또한 '민족 대이동'이라는 말처럼 사람들도 엄청나게 많기 때문에 귀향길 자체가 스트레스인 경우가 많아 '명절 증후군'이라는 신조어도 생겼다.

관련 신조어로는

节前综合症[jiéqián zōnghézhèng]: 명절 전 증후군

节后综合症[jiéhòu zōnghézhèng]: 명절 후 증후근, 등이 있다.


## 国字脸[guózì liǎn]

이 단어는 '사각턱'이라는 단어로 나라 '国' 자 단어 모양을 따고 얼굴이라는 단어 '脸'이라는 단어와 합쳐서 '国字脸', 이렇게 쓰여 '네모 얼굴', '사각턱'이라는 단어가 되었다.

반면 계란형, V라인 얼굴은 瓜字脸이라고 하는데 '꽈즈'는 해바라기 씨로 중국인들이 즐겨먹는 간식인데 생긴 모양이 얇고 길쭉해서 계란형 얼굴, 턱이 갸름한 얼굴형을 뜻한다.

다른 네모 모양의 글자가 있음에도 '国'이란 한자를 사용한 이유를 추측해보면, 예전에는 왕의 얼굴을 '玉顔'이라고 비유할 만큼 얼굴을 비유하거나 칭찬할 때 '玉'이란 글자를 자주 쓰는데, 그래서 '玉' 자를 구성 부분으로 가지고 있는 '国' 자를 쓴 것이라 생각된다.

# H

## 哈韩族[hāHánzú]

本义는 한류를 좇는 사람들이란 뜻이고, 新义는 한국 매니아들을 일컫는다.

한류를 좋아하는 것에서 끝나는 게 아니라 머리에서 발끝까지 한국 상품으로 치장하고 한국의 대중문화를 열광적으로 좇는 중국의 20대 안팎의 젊은이들을 뜻한다.

한마디로 한국 팬을 말하며, 한국의 가요, 드라마, 영화 등의 대중문화나 한국의 의복, 유행을 좋아하며 모방하는 사람들을 말합니다.

중국 대륙에서는 '哈'를 기쁠 때 쓰는 의성어로 많이 사용하며, 대만의 민남 방언으로는 '喜欢'(좋아하다)라는 뜻이다.

哈韩族는 처음 대만에서 나왔고, 이후 중국 대륙으로 유입되었다고 보면 되는데, 哈韩이라는 말은 "한국의 것이면 무조건 입을 벌리고 좋아하는"이라는 뜻이며, 이러한 사람들을 哈韩族라고 부른다.

이 신조어는 한국의 입장에서 보면 긍정적이지만, 중국에서는 과도한 哈韩族 때문에 사회 문제가 되기도 한다.

## 海待[hǎidài]

신조어의 의미는 해외유학을 다녀왔지만 아직 직장이 없어 기다리는 사람을 지칭한다. 요즘 중국에는 많은 해외 유학파 출신들이 적합한 직장을 찾지 못하고 본의 아니게 쉬고 있는 경우가 많다. 중국에서는 이들을 조롱반, 진담반으로 '미역(海帶)'이라고 부른다, 그러나 한자로 쓸 때는 발음이 같은 '海待'로 쓴다.

'海待'가 형성된 이유는 여러 가지가 있지만 그중에 몇 가지를 살펴보면 다음과 같다.

첫째, 중국의 교육수준이 크게 제고되었기 때문에 海归들의 취업우세가 예전 같지 않다.

둘째, 요즘 중국의 기업과 일반 직장에서 인재채용에 대한 요구가 더욱 이성적이다. 예전에는 학력을 주된 요소로 봤지만 현재는 능력을 위주로 따진다. 海归들은 상당한 기간 해외에 있다 보니 국내 상황에 대한 이해가 부족하다. 그들은 이론지식만 풍부했지 실천경험이 적다. 때문에 기업은 국내에서 배양된 동등한 자질을 소유한 인재를 채용하는 편이다.

셋째, 사실 '海待'들의 자체소질은 그리 높지 않다. 해외유학을 다녀왔다고 해서 모두 높은 기술과 능력을 갖춘 것은 아니다.

넷째, 海归들은 월급에 대한 요구가 높다. 해외에서 고등교육을 받은 이유로 높은 월급을 요구하지만 현실은 그들의 이런 욕구를 만족시키지 못한다,

이런 이유로 그들의 취직은 순순히 풀리지 않고 취직은 하루 이틀, 한 달, 두 달 미루어져 마침내 취직 대기자 '海待' 행렬에 가담하게 된다.

## 海景房[haijingfang]

本义는 경치 좋은 바닷가에서 좋은 풍경을 감상할 수 있는 해변의 아파트를 말하나, 新义로써 실재로 쓰이는 의미는 중국 연해도시의 마치 해변 풍경사진처럼 야자수와 바닷가가 보이지만 분양이 잘되지 않아 사람은 살지 않는 고급 주택을 일컫는다. 또는 집값이 초기분양가의 절반으로 뚝 떨어진 흔히 말하는 깡통부동산을 의미하는 말로도 사용된다.

## 孩奴[háinú]

新義는 출산을 한 후 아이들의 높은 교육비를 감당해야하는 부모들을 일컫는다.

한국과 마찬가지로 중국에서도 아이들을 위해 교육비, 옷, 장난감 등 지출이 부모들에게 큰 경제적 부담으로 다가온다.

이와 관련된 기사하나가 있는데, 중국 대도시에 거주하는 부부들은 월수입 8,000위안(약 136만 원)이 넘어야 2세를 낳을 생각이 있는 것으로 조사되었다.

이에 따라 대도시에 사는 젊은 부부들은 경제적 기반을 갖추기까지 임신을 미루는 경우가 늘면서 출산 연령도 자연히 높아지고 있는 것으로 나타났다.

전문가들은 2세 출산이 부동산에 이어 도시에 거주하는 젊은 부부에게 또 하나의 부담을 안겨주고 있다고 분석했다.

중국사회과학원 사회정책연구센터 비서장은 "경쟁이 치열해지고 자녀 교육에 드는 비용이 늘어나면서 젊은 부부들은 경제력이 갖춰지지 않은 상태에서 자녀를 낳고 싶어하지 않는다"고 말했다.

중국에서는 비싼 양육비 때문에 '하이누(孩奴·자식의 노예)'라는 신조어가 유행하고 있다


### 还是 6 [háishìliu]

新義는 매우 좋다, 아주 훌륭하다라는 뜻이다.

표면적으로는 매우 좋다, 혹은 아주 훌륭하다라는 뜻을 지닌 젊은 층의 관용어와 유사한 의미라고 볼 수 있다. 그러나 신조어로서의 还是 6 는 친한 친구 사이의 대화 중에서 농담조로 많이 쓰인다.

유래는 몇 해 전 애플의 신제품 아이폰 6가 출시되었지만 기계 결함이나 디자인상의 불만이 젊은 소비자층에서 커지게 되었고 디자인

과 성능면에서 우수한 만족도를 보인 아이폰 5s 모델과 비교되어, 아이폰 6에 대한 찬반 갑론을박이 인터넷을 뜨겁게 달궜다. 이 논란 속에서 해당 신조어가 유행하게 된 것으로 추정된다.


### 海淘族[hǎitáozú]

新义는 해외 직구족, 즉 해외의 온라인 사이트를 이용하여 물건을 사는 사람을 지칭한다.

즉 '바다'를 뜻하는 海[hǎi]와 '소비하다'라는 뜻의 淘[táo]가 합쳐진 단어로 바다를 건너 소비하는 사람, 즉 해외 직구족을 뜻한다.

海淘族는 현재 중국의 새로운 소비계층으로 급부상하고 있으며, 이들의 연간 거래 규모가 2010년 이후 매년 2배씩 성장하고 있다고 한다.

이처럼 중국 내 海淘族이 증가한 이유로는 똑똑하고 합리적인 젊은 소비층의 증가를 꼽을 수 있다. 품질이나 가격, 제품의 희소성 등 제품의 가치와 특성을 중요하게 여기는 젊은 소비자들이 해외 직구를 통해 합리적인 소비를 주도하고 있기 때문이다. 특히 이러한 海淘族은 한국제품에 대한 선호도가 굉장히 높은데, 그 이유는 자국의 제품에 대한 신뢰도가 낮기 때문이다. 한국제품에 대한 선호도와 신뢰도가 높아진 이유로는 한국에는 짝퉁이 없을 것이라는 생각 때문이다.

이러한 海淘族의 움직임에 한국 유통업체들도 발 빠르게 대응하고 있는데, 대표적인 한국 온라인 쇼핑몰인 인터파크, G마켓 등이 중국어 사이트를 대대적으로 오픈하고 더불어 중국 고객의 주요 구입 품목들을 50퍼센트 할인하거나 무료 배송하는 등 다양한 이벤트로 海淘族의 주목을 끌고 있다.

海淘族이 한국의 쇼핑사이트를 계속해서 이용하게 하려면 무엇보다도 좋은 제품을 잘 선별해서 판매해야 하며 정책적인 뒷받침도 필요하다고 생각한다.


## 海豚族[hǎitúnzú]

本义는 海豚, 즉 돌고래이다. 新义는 무더기로 사재기 하는 사람들을 지칭한다.

하이툰족, 즉 돌고래족이란 대량으로 사재기한다는 의미의 중국어 海量囤积(hǎi liàng tún jī)의 줄임말인 하이툰의 발음이 중국어에서 돌고래를 뜻하는 데서 나오게 되었다.

이는 계속되는 물가상승으로 소득증가보다 물가상승이 빨라 이로 인한 서민들의 노파심과 걱정이 사재기로 표출된 것이다.

또한 최근 홍콩에서 대륙사람들의 폭발적인 사재기 현상으로 홍콩의 물가가 상승하였고 이에 피해를 받은 홍콩시민들이 그들을 하이툰족이라 지칭하며 반대시위를 하기도 하였다.

**海选**[hǎixuǎn]

新义는 두 가지 의미가 있는데, 첫째는 후보를 추천하지 않고 유권자가 직접 투표하는 선거 방식(직접 투표)이고 두 번째는 많은 참가자 중에서 그 다음 시합의 참가자를 선출해 내는 선정 방식(오디션)이란 의미이다.

유래는 "海选"이란 중국 농민이 마을 자치 과정에서 만든 일종의 직접선거 방식으로, 이를 네 글자로 요약하면 "村官直选[cūnguānzhíxuǎn]", 마을공무원을 직접 선거한다는 뜻이다. 이러한 선거 방식은 1986년 중국 길림성에 있는 한 마을에서 마을의 공무원을 교체하기 위해서 처음으로 만들어졌다. 후에 그 마을이 소재한 현을 "海选"의 고향이라고 불려 지게 되었다. 현재 "海选"은 동내(마을) 선거 방식의 사용 범위를 넘어 최근에는 하얼빈시의 부유현(富裕县)에서 처음으로 현장(현령)이 "海选"법으로 선거되었다.

"海选"은 또한 오디션과 같은 프로그램에서도 사용한다. 중국의 유명 TV프로그램 "슈퍼여성(超级女声)"부터 "홍루몽 중의 사람(红楼梦中人)"에서도 "海选" 방식을 사용하였고 갈수록 많은 TV프로그램에서도 참가자의 선발에 이러한 방식을 사용하고 있다.

### 孩子气[háiziqì]

新義는 (생긴 것이) 어린티가 난다(都快二十的人了,还满脸孩子气) 라는 뜻이다. 곧 있으면 스무 살인 사람이, 아직도 얼굴 가득 어린 티가 날 때 사용된다.

또한 (성격이나 행동이) 어린아이 같을 때도 사용된다. 보통 성격이 어린아이처럼 순진무구하고, 단순하고, 꾸밈없이 솔직한 사람을 지칭하는 단어로, "他很孩子气(그는 어린아이 같다)"처럼 사용된다.

이와 유사하게 이유 없이 말썽을 피우고, 트집을 잡거나 어리광을 부리거나 철이 없을 때도 사용된다.

孩子气는 일반적으로 어른한테 사용하는데, 비록 나이는 성숙했지만 마음이나 성격이 나이를 따라가지 못할 때 사용되는 신조어이다.

### 好高族[hǎogāozú]

新义는 재무 관념에 있어서 높은 리스크를 감수하고, 높은 수익을 추구하며 투자하는 사람을 지칭한다.

현대 중국에서도 많은 사람들이 일확천금을 꿈꾸며 주식 투자에 몰두하는데, 이 같은 일련의 무리들을 비판하여 일컫는 신조어이다.

## 好肉麻呀[hǎoròumáya]

일반적으로 부정적인 의미로 쓰이진 않고 상대방의 애정행각에 부러움을 비치는 표현으로 보면 된다. "好肉麻呀!"라고 말하면 "정말 닭살이다!!"이란 의미가 된다.

이와 유사한 표현으로 太肉麻了!가 있는데, 好와 太~了는 '아주, 퍽, 매우'의 의미로 동사나 형용사 앞에 쓰여서 정도가 심함을 나타낸다. 감탄의 느낌을 주기도 한다.

## 合吃族[hé chī zú]

合[hé]는 합치다, 吃[chī]는 먹다, 族[zú]은 민족이란 의미를 지닌다.

이 신조어는 함께 식사할 사람을 인터넷 게시판, 카페를 통해 찾은 후 더치페이 방식으로 함께 미식 생활을 즐기는 사람들을 말한다. 이들은 비용을 균등하게 부담하여 식비를 절약해 알뜰한 생활도 하며 다양한 음식도 즐기고 새로운 친구도 사귀는 일석이조 효과를 누린다.

최근 한국에서도 혼밥족이 늘어나고 있는데, 혼자서 식사를 하면 메뉴 선택에 제한이 따른다. 이러한 제한을 극복하기 위하여 중국에서는 이처럼 더치페이로 모르는 사람과 함께 근사한 요리를 먹는 일부 사람들이 생겨났고. 이를 지칭하기 위하여 신조어가 발생한 것이다.

유사한 의미의 신조어로는 다음과 같다.

* AA制[AAzhì] 더치페이하다. (Acting Appointment의 약자)

중국에서는 남녀 관계를 떠나서 더치페이를 하는 것을 인색하고 정이 없다고 생각하는 경향이 많은데 체면을 중시하는 중국인의 특성상 이런 생각은 더욱 지배적이다. 하지만 시진핑의 '근검절약 강조'는 공직사회 내 관리들 식사도 더치페이 보급을 확산시키는 계기가 되었다. 이에 따라 도처에서 변화된 모습을 자세히 볼 수 있다고 보도되었다.

예를 들어 회의 후 식사를 접대할 때도 집에서 통상 먹는 간단한 요리 수준이며, 한 관리는 AA제가 습관이 되어서 터치페이를 안 하면 불안하다고 토로할 정도였다. 또한 시진핑 총서기가 광시장족자치구 대표단 토의에 참석했을 때, 한 대표가 "예전에 '양회'에 오면, 초대를 받아 외식을 많이 했는데, 지금은 기본적으로 외식을 하지 않고 숙소인 호텔에서 뷔페식을 즐긴다"고 했더니, 시진핑은 웃으며, "뱃속에 기름이 적어졌겠네요"라고 농담했다고 한다.

何弃疗[hé qì liáo]

여기서 何[hé]는 의문을 나타내고 弃[qì]는 포기하다, 疗[liáo]는 치료를 뜻한다.

2013년부터 인터넷에서 유행하는 말이며 "너 왜 치료를 포기하려고 하니?"의 준말이다. 주로 상대방의 의견이나 평론에 동의하지 못하거나 불만을 가질 때, '너 정신병 있구나, 병원 치료 멈추지 마. 계속 치료 받아야겠다' 이런 뉘앙스로 놀리거나 비꼬는 표현이다.

바이두에서는 이 신조어의 유래를 다음과 같이 설명하고 있다.

양용신은 소년의 인터넷 중독을 치료하는 의사인데, 소년의 인터넷 중독을 치료하기 위해 전기 치료를 하는 과정 중 많은 것을 지적하고 비난하였고 나중에는 전기 치료를 중지하면서 소년에게 "왜 치료를 포기하니"라며 말했다고 한다. 원래는 "너는 왜 인터넷 중독을 치료하려고 하니?"라는 뜻으로 소년에게 비꼬아 했던 말이라고 한다.


黑哨[hēishào]


新义는 부당한 판정을 뜻하는 말로, 일반적으로 축구, 농구 등의 구기종목에서 심판의 불공정한 판정으로 인해 고의적으로 한쪽에 이득을 주는 일방적인 행위를 가리킨다. 대체적으로 정당하지 못하거나 부정적인 행위를 하는 사람이나 그러한 사회를 표현할 때 黑라는 말을 자주 사용한다.

## HOLD住[HOLDzhù]

新义는 아무리 힘들고 난감한 상황이라도 숨거나 피하거나 포기하지 않고 버티고 감내한다는 뜻이다.

"hold住"는 영어 "hold"와 "住"의 합성어로 대만의 한 TV 프로그램 "大学生了没"에서 처음 나온 말인데 출연자 Miss Lin은 웃기는 화장, 과장된 표현 등으로 인기를 끌었고 동 프로그램에서 Miss Lin이 사용한 말 "整个场面我hold住!"로 인하여 "hold住"는 현재 젊은 사람들을 중심으로 많이 사용되고 있는 신조어로 등장하였다.

"나는 모든 상황을 감당할 수 있어!"라는 의미로로 'HOLD住 = 감당하다'는 뜻으로 해석할 수 있다. 즉, HOLD住는 버티다, 감당하다 등 상황에 따라 여러 가지 뜻으로 해석할 수 있다. 加油, 给力와 같은 의미이다.

"你能HOLD住我吗？" 너 나 감당할 수 있겠니?

"我HOLD不住你了" 난 널 감당할 수 없어.

"今天太忙了, 我都HOLD不住了" 나 오늘 너무 바빠서 감당이 안되네.

중국인들은 HOLD를 "홀드"라고 발음하는 것이 아니라 "허우드"라고 발음해서 "허우드 쭈"라고 발음을 해야 알아 듣는다.

红眼病[hóngyǎnbìng]

本义는 전염성 급성 결막염을 가르키나, 新义는 질투병이란 의미를 지닌다.

사회에서 경쟁이 치열해질수록 다른 사람에 대한 질투가 더 커지면서 나보다 남이 잘되는 것을 보고 질투하는 것을 의미한다. 눈이 빨갛게 되도록 남을 질투한다는 의미다.

특히 개혁개방 이후 선부론 정책으로 심각한 빈부 격차를 가져오면서 이처럼 심한 심투심을 지닌 사람들이 많아졌고, 이를 반영하여 이러한 신조어가 생성되었다.


互粉[hùfěn]

新义는 互－互相, 粉－粉丝. 즉 서로 팬이 되거나 서로 관심대상이 된다는 뜻이다.

최초에 百度贴吧에서 나왔다. 百度贴吧 사용자들의 아이디 밑에는 '＋加关注'라는 버튼이 있는데 상대방의 홈페이지에 들어가서 이 버튼을 누르면 일방적으로 이 상대방의 팬이 되며 관심대상이 된다.

이후에는 서로 팬이 될 수 있는 '互相关注' 버튼도 생겼다. 이 버튼을 누르면 상대방의 팬이 되는 동시 상대방도 자기의 팬이 된다는 것이다. 따라서 이러한 서로 팬이 되는 행위를 互粉이라고 한다.

### 互联网+[hùliánwǎng]

2015년 리커창 중국 국무원 총리가 발표한 정부업무보고에서 互联网+ 행동 계획을 마련하고 이동통신, 클라우드 기술, 빅데이터, 사물지능통신 등을 현대 제조업과 결합, 전자상거래와 산업 인터넷 및 인터넷 금융업 등의 발전을 도모해 인터넷 기업들의 국제시장에서 확대해 나간다고 밝혔다.

한국어로 인터넷 플러스라고 불리는 후롄왕자는 인터넷과 기타 전통산업이 융합되는 것으로 새로운 업무 경영 방식과 비즈니스 모델을 말한다.

보편적으로 외부에서는 후롄왕자를 정보화가 경제 발전을 촉진하는 기본적인 틀로 확립했고, 앞으로 인터넷은 경제발전을 촉진하는 새로운 촉매로 작용할 것이라고 기대하고 있으며, 리커창 총리의 발표 후 새로운 계획인 후롄왕자는 신조어로써 자리잡게 되었다.


### 环境红绿灯[huánjìnghónglǜdēng]

本义는 환경 신호등이다. 新义의 유래는 콜롬비아 학자가 발명한 교통신호등과 비슷한 장치로 주변 환경 가운데 이산화탄소와 같은 유해기체 함량 및 대기압, 풍속, 소음 등의 수치를 나타내주는데서 출발하였다.

최근 중국 정부는 공기오염과의 전쟁을 선포하고, 석탄으로 난방을 하는 아파트에 일방적으로 난방공급을 끊는 등, 강력한 조치를 취하고 있다. 또한 일반 중국인들도 대기 오염의 심각성을 모두 느끼고 있으며, 매일 아침 당일의 공기 오염도를 확인해 본다. 따라서 이러한 장치가 길 곳곳에 설치되었으며, 이러한 신문물을 지칭하는 신조어가 생성되었다.


## 黄牛[huángniú]

本义는 황소이나, 新义는 각종 유가 증권을 불법 거래하는 사람, 혹은 암표상을 의미한다.

중국어 신조어 중 '암표산업'은 '黄牛党'이라고 하며, 우리말 한자로 보면 '황소당'이다. 즉 '노란 소 무리'라는 뜻인데 이 말에 대한 유래는 여러 개가 있으며, 가장 설득력 있는 설을 하나 소개하면 다음과 같다.

예전 중국의 교통이 발전하기 전에는 사람들이 수레를 타고 다녔다. 그런데 수레를 끄는 차부들이 '노란 조끼'를 입었다고 한다. 요금이 쌌기 때문에 서민들이 많이 애용했고 서민들은 이 수레를 '황소차'라고 불렀다고 한다. 그런데 교통이 발전하면서 승객들이 점차 기차역과 터미널로 몰렸고 할 일이 없게 된 이들 '노란 조끼'를 입은 차부들도 일거리를 찾아 역과 터미널로 향했다.

처음에는 이들이 표를 사는데 익숙하지 못한 서민들의 표 구매를 도왔다고 한다. 그런데 워낙 많은 사람들이 몰리면서 표 끊기가 어렵게 되자 승객들이 '황니우!' 하고 불러 찾는 일이 잦아졌고 표를 구입하면 약간의 팁도 주면서 생계형으로 발전했다고 한다.

## 回复[huífù]

본래는 '회복하다', '회신하다', '답신하다'라는 뜻을 가지고 있는 단어이다. 최근에는 이러한 기존의 의미 외에 인터넷 상에서 '게시물의 답글', '댓글을 달다'라는 의미까지 포함하는 신조어로 발전하였고, 최근에는 하루 종일 인터넷으로 시간을 보내는 사람에 비유하여 인터넷 중독자를 나타내는 신조어로 변화되었다.

## 灰色技能[huīsèjìnéng]

新义는 신입사원이라면 할 줄 알아야 하는 술과 노래, 마작 등 잡기를 의미한다.

유래를 살펴보면 크게 두 가지가 있다.

첫째, 대학 졸업생들이 졸업하기 전 자발적으로 <厚黑>이란 책을 찾아 술 마시는 법, 노래 부르는 기술 등을 배우고 향상시키는 것에서 유래 되었다.

둘째, 기업들이 졸업생들을 채용할 때 요구하는 술 마시는 능력, 노래 부르는 능력, 마작을 하는 능력 등을 고려하는 것에서 유래 되었다.

'灰色'이란 말이 들어가는 것은 비공식적이기 때문이며 실제 기업의 정식공고에는 이러한 내용이 없다. 그러나 한 매체의 조사에 따르면 실제 중국 대학생들은 취직 경쟁 중에 있어서 灰色技能이 중요한 부분을 차지한다고 생각한다고 한다.


## 活粉[huófěn]

新义는 微博(중국의 인터넷 사이트)에서 가장 생생하고 활기 있게 활동하는 사용자를 말한다. 개인 사진, 개인 정보, 블로그 등을 하루에 몇 번이고 갱신하고 다른 사용자의 팬이 되며 문장도 빈번하게 올리고 댓글도 잘 올리는 사람을 가리킨다.


## 火钳刘明[huǒ qián liú míng]

新义는 '네가 쓴 글이 유명해지기 전에 미리 이름부터 남겨 놔라'라는 뜻의 표현이다. 즉 火[huǒ] 왕성하다 + 前[qián] ~전 + 留名

[liúmíng] 이름을 남기다의 합성어인 셈이다.

'在所发的贴子火之前 , 先留个名'의 축약형인 '火前留名'이 중국어 병음 입력법의 오타 때문에 생겨난 신조어로 '네가 쓴 글이 유명해지기 전에 미리 이름부터 남겨놔라'라는 뜻으로 사용된다.

중국 네티즌 토론광장에서 누리꾼들이 자신의 글이 유명해질 것을 기대하며, 미리 그 글 속에 자신의 ID를 적어놓는 행위에서 유래된 표현이다.

흔히 什么[shénme]가 神马[shénmǎ]로 쓰이는 사례와 상통하며 주로 인터넷 게시판이나 댓글에서 사용된다. 이러한 종류의 신조어들은 중국어 한자의 병음을 입력하는 과정에서 발생하는 오류가 새로운 의미를 함유하게 되면서 만들어진 신조어들이다.


# J


## 极客[jíkè]


영어의 속어 'geek'에서 유래된 말로 원래는 성격이 특이한 사람(괴짜)을 가리킬 때 사용되었다고 한다. 하지만 2000년대 이후 중국에 컴퓨터와 인터넷이 나날이 보급되면서 업무시간 외의 여가시간에도 항상 컴퓨터와 함께 하고, 컴퓨터 기술이나 인터넷 상의 사회적 집단에 광적으로 빠져든 사람들을 지칭하는 말로 쓰이게 되었다. 이들은 심지어 컴퓨터 기술을 마치 종교적 신앙처럼 떠받들기도 한다고 한다.

단순히 성격이 특이한 사람, 괴짜를 칭할 때 쓰이던 단어인 极客가 어떠한 이유로 컴퓨터에 광적으로 빠진 사람들을 지칭하게 되었는지 정확한 유래는 찾을 수 없다.

다만 컴퓨터 기술이 나날이 발전하고 인터넷으로 할 수 있는 일이 많아지면서 물건을 구입할 때, 다른 사람들과 소통할 때 등등의 여가 시간을 온종일 컴퓨터에 쏟아붓는 사람들이 생겨나게 되자 그런 사람들을 보며 "저 사람 괴짜야" "정말 이상한 사람이야" "컴퓨터에 빠진 미친 사람이야"라는 말을 하는 일이 많아졌고, 그때 기존에 있던 '极客'라는 단어를 사용하던 것이 점차 '컴퓨터 기술에 광적으로 빠진 사람들'이라는 뜻으로 의미가 더 구체적으로 변화한 것으로 보인다.

计算机病[jì suàn jī bìng]

新義는 컴퓨터병, 즉 "计算机综合症(컴퓨터증후군)"의 약칭이다.

최근 중국에 컴퓨터 사용이 증대됨에 따라 중국인은 최첨단 생활에 한층 더 가까워질 수 있었으나 동시에 선진국 사람들이 앓고 있는 최신 질병을 공유하게 되었다. 즉 장시간 컴퓨터 앞에서 일하는 사람들에게 컴퓨터 병이 생긴 것으로 이는 컴퓨터가 설치된 곳의 전자파, 소음, 조명 불량, 음이온 함량 감소 등으로 인한 것이다.

이러한 업무와 관계된 사람들은 현기증, 시력감퇴, 식욕부진, 고혈압 등의 증세를 보인다. 이 병에 시달리는 사람들이 고통에서 벗어나기 위해서는 중간에 10분 정도의 간단한 휴식을 취하면서 공기를 바꾸고 스트레칭을 하는 것이 좋지만, 컴퓨터에서 친숙하고 가까이할 수밖에 없는 현대인들이 그 근본적인 유해성에서 벗어나기란 쉽지 않은 듯하다.


### 家庭手机[jiātíngshǒujī]

新义는 중국 移动(통신회사)이 가정시장을 위해 전문적으로 설계해 출시한 통신설비를 지칭한다. 선을 깔 필요가 없는 고정적인 전화이며, 휴대가 편리하고, 전화비가 저렴하다. 일반적으로 手机라고 하면, 휴대폰을 지칭하며 家庭手机는 집 안에서만 사용이 가능한 소위 말하는 무선 전화라고 생각하면 된다.


### 见光[jiànguāng]

本义는 닦아서 광내다. 빛이 나다 등의 의미이며, 新义는 인터넷 채팅 등으로 사귄 친구와 처음 만나는 것을 가리키는 신조어이다. 첫 만남을 위하여 평소보다 외모에 신경을 쓰고, 마치 빛이 번쩍번쩍 나듯이 치장을 한다는 풍자적인 의미를 담고 있다.


### 僵尸粉[jiāngshīfěn]

新义는 "微博(중국 SNS)"에 가짜로 등록된 팬의 수를 가리키는 말이며 '빈 블로그', '가짜 팬'이라고 하기도 한다.

2010년 8월 27일, 중국 광주(广州) 지역의 유명한 MC인 陈扬가 "织围脖(인스타그램의 일종)"를 그만둔다고 했고 그 이유를 가짜 팬이(僵尸粉) 너무 많아서 마음이 불편했다고 밝힌 데에서 유래된 신조어이다.

이들 가짜 팬의 계정에는 아이디만 있고 메인사진, 글 등이 다 텅 비어 있으므로, 마치 중국의 전통적 관념의 '귀신'에 해당하는 '강시'처럼 존재만 있으며 움직이지도 않고 백년만년 가만히 있기 때문에 강시팬이라고 부른다.

중국에서도 각종 SNS나 인스타그램, 웨이신 등을 통해서 친구 맺기가 광풍인데, 특히 연예인들을 중심으로 몇 명의 사람들과 친구 맺기가 되어있는가가 경쟁이라고 한다. 이에 일부 연예인들은 돈을 주고서라도 가짜 팬을 확보하여 웨이보 등에 가짜로 친구 맺기를 추동하는 현상이 있는데, 이러한 사회적 현상을 비판하여 만들어진 신조어이다.


### 僵尸驾照(jiāngshī jiàzhào)

新義는 장롱 면허를 지칭한다. 우리나라에서는 운전면허증이 장롱에 가둬져 있다 해서 보통 장롱면허라고 많이 하는데, 중국에서는 僵尸驾照라는 신조어를 사용한다. 면허를 따놓고 실제로는 운전경험이 별로 없는 것을 가리키는 단어로써 僵尸[jiāngshī]는 '강시'를 뜻하고, 驾照[jiàzhào]는 운전면허증이라는 단어로, 이 두 단어가 합쳐진 신조어이다.

여기서 '강시'라는 뜻이 들어간 이유는 운전을 하긴 하는데, 영혼은 없고 육신만 남아 있는 것이라 해서 비유적으로 '강시'라는 말을 쓰게 되었다고 한다.


* 서양에서 말하는 '좀비'를 중국에서는 '강시'라고 말하기도 한다.
* 운전면허증은 驾驶执照[jiàshǐzhízhào] 혹은 驾驶证이라고도 한다.

## 酱紫[jiàngzǐ]

本义는 장과 같은 색이란 의미이며, 新义는 "这样子"라는 의미로 사용된다.

형용사로서의 酱紫는 현대한어 규범사전에서 하나의 형용사로서, 장과 같은 색을 나타내는 말로 정의되며, 서면어보다는 회화에서 많이 사용되는데 현재는 소수의 사람들만이 사용한다고 한다.

최근에 사용이 되고 있는 인터넷 용어로서의 酱紫는 남방지역의 방언을 인용하였다는 말도 있고, 인터넷에서 这样子의 오타였지만, 많은 사람들이 사용하면서 인터넷에서 유행하는 말이 되었다는 말도 있다.

아무튼 인터넷에서 채팅을 하던 중 '酱紫'의 의미를 알아듣지 못하면 "신세대가 아니구나"라는 말을 듣게 되기도 한다.


## 姐弟恋[jiě dì liàn]

新义는 연상연하 커플로 '누나와 남동생의 연애'라는 뜻으로 사용된다.

최근 결혼관의 변화로 인해 연상녀와 연하남과의 결혼이 많아지면서 생겨나게 된 신조어이다. 우리나라와 마찬가지로 중국도 연상연하의 비율이 점점 더 늘어나고 있는데 이로 인해 중국에서는 드라마의 소재로도 쓰고, 심지어 중국 매체에서는 23세 차이의 연상연하커플의 결혼을 기사에 싣는 등 우리나라와 마찬가지로 연상연하에 대한 관심이 증가하고 있으며, 5살 미만의 차이는 대수롭지 않은 것으로 생각한다.

중국에서 연상연하의 커플이 생기고, 증가하는 이유는 중국 여성의 경제적 가치가 올라감에 따라서 능력이 좋은 여자가 어린 남자를 고르는 현상이 만연하고 있기 때문이라고 한다.

### 解扣[jiěkòu]

本义는 단추를 풀다라는 뜻이나 新义는 갈등을 해결하다. 원한을 풀다라는 의미로 쓰인다. 우리말에서도 양자 간의 오래된 원한을 풀때 '얽힌 실타래를 풀다'라는 말을 종종 사용하는데, 중국에서는 '단추를 풀다'라는 신조어로 이러한 의미를 대신하고 있다. 주로 젊은층에서 많이 사용된다.

### 解锁[jiěsuǒ]

本义는 자물쇠를 열다라는 뜻인데, 新义는 아이폰 컨트록락(Control Rock)을 해제한다는 의미로 사용된다. 이 신조어의 유래는 미국의 아이폰이 중국 시장을 공략하여 타국에 비해 저렴한 가격으로 중국 시장에 진출했는데, 중국 내에서 판매된 아이폰을 해외에서 사용하는 것을 방지하기 위하여 Rock을 걸었다.

이에 중국의 한 전문가가 이 Rock을 풀어 이것을 통해 중국에서 구입한 휴대폰을 외국에서도 그대로 사용할 수 있도록 하였는데, 이러한 사회적 배경으로 원래 '자물쇠를 열다'라는 뜻이 새로운 의미를 지니게 되었다.


### 金领族[jīnlǐngzū]

新义는 골드칼라 계층을 지칭한다. '골드칼라'란 두뇌와 정보로 새로운 가치를 창조하여 정보화시대를 이끌어가는 능력 위주의 전문직 종사자를 뜻하는데 황금처럼 반짝반짝하는 기발한 아이디어와 창조적 사고로 새로운 질서를 주도하는 사람들을 말한다.

넓은 의미에서는 어디에서건 '자신만이 할 수 있는 일'을 하는 사람들, 즉 적성에 맞는 분야에서 반짝이는 아이디어로 무장하고 자발성과 창의성을 발휘하여 새로운 가치를 창조하는 사람들을 지칭하기도 한다.

정보통신, 금융, 광고, 서비스, 첨단기술 관련 분야에서 최근 들어 급부상하고 있는 신직업인들이 바로 골드칼라에 해당된다고 할 수 있다. 대표적 인물로는 마이크로소프트사의 빌 게이츠나 영화감독 스티

븐 스필버그를 들 수 있다.

중국내에서는 만화가, 컴퓨터 프로그래머, 그래픽 디자이너, 자동차 판매왕, 신상품 개발의 주역 등이 골드칼라에 해당된다.


## 近平民 克强势[jìnpíngmín kèqiángshì]

新义는 평민에 가깝게 가고 강한 세력을 극복하라는 뜻이다.

'5세대 리더그룹'의 쌍두마차인 시진핑 총서기의 '近平'과 리커창 총리의 '剋强'이란 이름을 조합하여 만든 신조어이다.

이 말은 중국판 트위터인 웨이보에 리둥위에란 사람이 '十八大 이후의 진핑커창(近平克强)이 가야할 길'이라는 글에서 "十八大 이후 중국 사회의 발전방향은 평민에 가깝게 가고(走近平民) 강한 세력을 억제하는 것(克制强势)"이라고 밝힌 뒤 급속히 확산되었다.

중국 최대의 포털 사이트인 바이두에서는 '진핑민(近平民) 커창스(克强势)'와 관련된 글이 56,900개나 게시되었고, 구글에서는 1,430만 건이나 조회되는 등 폭발적으로 퍼져나갔다.

이는 '시진핑-리커창' 지도그룹이 그들의 이름에 맞게 평민에 가깝게 가서 평민을 위하는 정책을 펴고, 강한 세력을 형성하고 있는 기득권 특권계급을 제압하고 부패를 일소함으로써 약한 사람을 도와주기를 바라고 있는 민심이 그대로 반영되어 나타났다고 볼 수 있다.

## 金砖国家[jīnzhuānguójiā]

최근 빠른 경제성장을 거듭하고 있는 브라질(巴西), 러시아(俄罗斯), 인도(印度), 중국(中国), 남아프리카공화국(南非), 이렇게 신흥경제 5개국(BRICS-성장가능성)을 가리키는 경제용어이다.

中美国(G2-국가의 외환보유액)라는 신조어와 마찬가지로 중국의 경제가 많이 성장했다는 것을 보여주는 단어이기도 하다.

  * 金砖四国(BRIC)은 巴西(Brazil), 俄罗斯(Russia), 印度(India), 中国(China)의 영문 대문자를 뜻한다. 이 단어가 영어단어의 砖(Brick)과 유사해서 金砖四国라 불린다. 2008~2009년도에 관련국은 회담을 열어 정상회담시스템을 건립했고 국제정치실체를 확장시켰다. 2010년 南非(South Africa)가 가입한 후 이 영어 단어는 BRICS로 바뀌었고 후에 金砖国家로 바뀌었다. 金砖国家의 표지는 오개 국가 국기의 대표 색깔을 테두리로 둘러싼 원형이며 金砖国家의 협력과 단결을 상징한다.

## 经适男[jīngshìnán]

新义는 经济适用男의 줄임말로 재벌 2세처럼 돈이 많거나 완벽하진 않지만 어느 정도 경제능력이 있고, 술, 담배, 도박을 안 하면서 아내에게 잘하는 남자를 지칭한다. 우리나라로 치면 '엄친아' 정도의 의미라고 할 수 있다.

최근 중국이 많은 발전으로 임금이 상승하였는데 이들의 임금은 대략 2,000~10,000위안(인민폐)정도로 집의 계약금을 지불할 수 있는 능력이 있어야 하고 교육업, IT, 기계제조, 기술 산업 등에 종사하는 사람들을 가리킨다.

经适男의 비슷한 신조어로 杠杆女[gànggǎnnǚ]가 있는데, 杠杆女는 여성을 가리키는 말이다. 经适女라고도 하지만 杠杆女가 더 잘 쓰인다.


囧[jiǒng]

本义는 밝게 빛나다라는 뜻이다. 新义는 답답하다. 어찌할 수 없다. 불쌍하다 등 여러 의미를 나타낸다.

원래 이 한자는 고대에만 주로 쓰였던 한자로 현대에서는 잘 쓰이지 않는 死語인데, 글자의 생김새가 마치 사람이 울상을 짓고 있는 모양과 비슷하기 때문에 원래 뜻과는 상관없이 '우울하다'는 뜻의 이모티콘처럼 쓰인다. 2008년 여름께 중국 인터넷에 등장하며 한바탕 소동을 일으킨 문제의 글자라고 한다.

## 99族[jiǔjiǔzú]

80后(1980년대 이후 태어난 사람들)들은 가족의 온갖 사랑을 독차지하며 소황제처럼 성장하였기 때문에 대부분이 융통성도 없고 고집이 강하다는 이미지가 있다.

이 신조어는 이들 80后 가운데 이미 99를 가졌지만, 나머지 1을 마저 더 가지려는 완벽주의적 삶의 태도를 가진 이들을 말하는데, 여기서 '완벽주의적'이란 단어는 긍정적이라기 보다는 부정적인 성격을 띤다.

## 就书[jiùshū]

'就书'란 일본에서 유행한 일종인 도서 종류를 말한다. 이러한 도서는 대부분 생활용 책이며 간명하고 이해하기 쉬운 방식으로 독자에게 책 내용을 전달한다. 책들의 제목에 "就"자가 들어가기 때문에 '就书'라고 불린다.

유래는 2010년 3월 23일 중국의 광주일보에서 "일본인들이 '就书' 시대에 들어왔다"라는 기사문이 등재되었는데, 이 글에서 일본에서 《卷卷就减肥》라는 책이 인기가 폭발하였으며 월 판매량이 무려 160만 원이라고 밝혔다.

그 이후에 중국에서도 '就'가 들어간 제목의 《闻香就能瘦》,《写

了就安心》등의 책이 출판되었고, 이들 책들이 인기를 끌면서 이러한 책들을 '就书'라고 부르며 많은 인기를 누렸다.


### 菊花文[júhuāwén]

新义는 인터넷에서 한자를 입력한 후 항상 국화 모양 그림이 나오는 글을 가리킨다. 예를 들면 朦 ☼ 胧 ☼ 中 ☼ 的 ☼ 罪 ☼ 恶 ☼ 등의 형식으로 글을 쓰는 것을 말하는데, 최근 중국에서도 웨이신 등 SNS가 확산되면서 주로 젊은층 사이에서 이 같이 한자를 입력하는 스타일이 유행하고 있다. 이러한 현상을 지칭하는 신조어로, 현재 중국 사회에서 SNS를 통한 의사소통이 얼마나 유행하고 있는가를 단적으로 보여주는 것이기도 하다.


# K


### 开领[kāilǐng]

新义는 '옷깃을 열다'이다. '옷깃을 열다'를 의미하는 영어의

'Open collar'인 남방셔츠나 와이셔츠에 넥타이를 매지 않는 스타일을 지칭하기도 하는데, 최근 통신 기기의 발달로 개인용 컴퓨터 및 단말기를 사용해 사무실에 출근하지 않고 원거리 또는 가정에서 일을 처리하는 사람을 의미하는 말로 주로 사용된다.

최근에는 재택 근무자들이 증가하고 있어 과거 기업가에서 최근 일반 직장인들도 함께 칭한다. 뿐만 아니라 때로는 가사 노동자, 집에 있는 부모님, 해고 직원, 집에서 놀고먹는 사람 등을 풍자할 때 사용하기도 한다.


## 考碗族[kǎowǎnzú]

新义는 공무원 시험을 끝까지 치는 사람들을 가리킨다.

정치나 경제 환경이 나빠지면 나빠질수록 젊은 사람들이 공무원 시험에 대해서 예전보다 훨씬 더 많은 관심을 가지게 되었다.

예전의 중국어 신조어 중에서 좋은 일자리를 金饭碗 , 铁饭碗(철밥통)라고 말해 왔는데, 요즘에도 공무원 시험에 합격하면 좋은 일자리에 취직할 수 있기 때문에 考碗族라는 사람들이 공무원 시험을 포기하지 않고 계속 치게 응시하게 되면서 考碗族라는 신조어도 유행하게 되었다.

## 可听药[kětīngyào]

新义는 우울함을 막고, 마음을 가라앉히며, 통증을 없애고, 수면을 유도하는 효과가 있는 음악을 지칭한다.

일종의 '마약 음악'으로, 프랑스에서 얼마 전 시작되었고 2009년 2월에는 한국에도 도입되어 可听药(마약 음악) 사이트가 생겼다. 현대의 중국인들 역시 일상에서 받는 스트레스로 인하여 심신이 피곤함을 토로하는 사람들이 증가하고 있으며, 이들이 주로 이러한 음악을 즐겨 듣는다고 한다.

## 啃老族[kěnlǎozú]

新义는 이미 성장하여 분가할 나이가 되었음에도 부모와 떨어지지 않고 생계를 의탁하는 젊은 세대를 지칭한다.

啃老族[kěnlǎozú]는 영국 등 유럽지역에서 먼저 시작되어 한국 등 아시아권까지 확산된 일명 니트족(Not in Education, Employment or Training; NEET), 캥거루족과 같은 의미로 부정적인 의미로 사용되는 단어이다.

자립할 수 있는 성인의 나이임에도 불구하고 어떠한 활동도 하지 않고(취업 등) 부모의 경제적 능력에 의존하여 살아가는 사람들을 나타내는 신조어로 '매달리다, 의존하다'라는 뜻의 啃[kěn]과 '부모'라는 의미의 老[lǎo]를 합성하여 '부모에게 매달리다'라는 뜻의 신조어를 만들었다.

이러한 啃老族은 결혼유무와는 무관하게 사용되며, 학력과 무관하게 졸업 후에도 취업하지 않고, 혹은 취업 후에도 독립하지 않고 부모에게 경제적으로 의존하며, 심지어 다니던 직장도 그만두고 아무런 일도 하지 않은 채 살아가는 사람도 있다고 한다. 이러한 사람들의 특징은 경제활동을 하려는 의지, 의욕이 없다는 점이다.

이 단어가 생겨난 유래는 현재의 80后 , 90后가 출생한 당시 산아제한정책으로 자녀를 하나만 낳고 키우다보니 이들 외동아들, 외동딸들을 마치 소황제처럼 받드는 사회적 현상이 일어났고, 이들 소황제들은 스스로 문제를 해결하려 하지 않고 부모에게만 의존하려고만 하다 보니 생겨난 신조어이다.

이들은 부모의 경제적 능력에 대한 혜택을 너무나 당연시 여기는 경향도 있다. 같은 의미로 쓰이는 다른 신조어로는 '吃老族 [chīlǎozú]', '傍老族[bànglǎozū]'가 있는데, 두 단어 또한 '부모에게 의지해서 먹고살다', '부모에게 의존하다'라는 뜻이다. 최근에는 袋鼠族[dàishǔzú](캥거루족)라는 신조어도 생성되어 유사한 의미로 사용되고 있다.


중국노령과학연구센터 통계에 따르면 도시에서 생활하는 65퍼센트 이상 가정에 니트족(啃老族)이 있으며 약 30퍼센트의 젊은이들이 부모가 대주는 생활비에 매달려 살아가고 있다고 한다.

니트족은 대략 여섯 가지 부류로 나누어져 있다.

첫째, 취업이 까다로워 마음에 드는 일자리를 찾지 못한 대학졸업생이 약 20퍼센트이다.

둘째, 일자리가 적응되지 않는 등 이유로 직장을 떠나는 젊은이들이 10퍼센트이다.

셋째, "창업 환상형" 젊은이들이다. 이들은 강렬한 창업열망이 있지만 뚜렷한 목표가 없고 능력이 부족하며 항상 실패하면서도 일자리를 찾지 않으려 하고 있다. 이 부류가 10퍼센트를 차지한다.

넷째, 빈번하게 직장을 바꾸다가 결국 일자리를 못 찾는 젊은이들이 10퍼센트이다.

다섯째, 정리해고를 당한 젊은이들이다. 이들은 예전의 느슨했던 사업과 현재의 긴장하고 빡빡한 일자리를 비교해보고 결국 직장을 떠나는데 이러한 부류가 10퍼센트를 차지한다.

여섯째, 문화수준이 낮고 기술이 낮아 중저급 노동시장에서 더럽고 고된 일을 할 수 밖에 없는데 고생이 두려워 집에서 취업을 기다리고 있는 젊은이들이 30퍼센트를 차지한다.

또한 중국의 니트족은 공통적인 특징을 가지고 있다. 이들은 대부분 베이징 등 대도시에서 태어난 80년대 생 외동아들이나 외동딸이다. 또 마케팅, 금융, 행정, 경제 등 문과계열을 전공했고 국가고시에서 떨어졌거나 유학에서 돌아와 사회 적응에 실패했다.

수도경제무역대학을 졸업한 뒤 3년째 무직으로 있는 한 젊은이는

"고등학교 때는 무조건 대학만 가면 앞날이 보장되는 듯 몰아세웠고 대학에서는 쓸데없는 이론만 배웠다"며 "비현실적이고 비실용적인 중국 교육의 부산물이 바로 니트족"이라고 중국 교육의 현실을 비판했다.

중국 니트족들이 사회문제로 떠오른 것은 단순히 인력낭비 문제 때문이 아니다. 중국 안팎의 니트족들이 마약을 하거나 각종 범죄의 범인으로 지목되는 등 사회 불안 요소로 돌변하고 있기 때문이다.


## 坑爹[kēngdiē]

新义는 속임을 당했거나 사기를 당했다는 뜻이다.

예를 들어 상점에 갔는데 가격이 터무니없이 비쌀 때 "真坑爹", "太坑爹了"라고 말하며, 또한 "아버지를 속이다"의 의미로 중국인들이 많이 쓰는 신조어이기도 하다.

일찍이 섬서성 방언으로 사용되었으며 원래 의미는 "조상의 명예를 실추시키다"는 의미로 사용되다가 후에 "아버지에게 해를 끼치다"는 의미로도 사용되었다.

선의의 풍자로서 "날 갖고 노는군"이란 의미를 지니며, 산동성 제남에서는 '玩爷爷'라고도 한다.

## ~控[kòng]

控[kòng]의 본래의 뜻은 제어하다, 통제하다는 말인데, 최근에는 ~중독, ~에 빠져서 헤어나지 못하는 사람을 일컫는 신조어로 주로 사용된다.

영어의 holic(홀릭), 중국어의 迷[mí]와 같은 뜻으로 해석된다. 예를 들면 슈즈 홀릭은 鞋子控[xiézikòng], 케익 중독은 蛋糕控 [dàngāokòng], 쇼핑 중독은 购物控[gòuwùkòng], 마마보이는 妈妈控 [māmakòng] 등으로 불린다.

## 空巢老人[kōng cháo lǎo rén]

新义는 '빈 둥지 노인' 즉, 자녀가 집을 떠난 뒤 남게 된 부부나 홀로 사는 독거노인을 지칭한다. 여기서 '巢'[cháo]는 '둥지'라는 뜻으로 '집'이란 의미로 사용된다.

최근 중국의 고령화 문제가 심각한데, 중국은 이미 2001년부터 노령화단계에 급속도로 진입했고, 2050년이 되면 중국노령인구는 4억 명이 넘을 것이라는 예측도 나오고 있다. 주로 고령자 부부, 특히 독거노인을 표현 할 때 이 단어를 많이 쓴다.

최근 세계적으로 고령화가 심해지면서 중국에서도 마찬가지로 빈 둥지 노인(독거노인)이 증가하고 있으며 이는 간과할 수 없는 사회문제로 대두되고 있다.

한 조사에 따르면 작년 기준으로 중국 고령 인구 2억 명의 절반이 空巢老人[kōng cháo lǎo rén]이라고 한다. 또한 자녀가 취업, 학업, 결혼 등의 이유로 고향을 떠난 뒤 홀로 '둥지'를 지키고 있는 중년 노인들이 이로 인해 심리적 불안증상을 보이기도 하며 이를 '빈둥지 증후군'이라고 일컫는다.

## 空巢老人[kōng cháo lǎo rén]

新义는 '빈 둥지 노인' 즉, 자녀가 집을 떠난 뒤 남게 된 부부나 홀로 사는 독거노인을 지칭한다. 여기서 '巢'[cháo]는 '둥지'라는 뜻으로 '집'이란 의미로 사용된다.

최근 중국의 고령화 문제가 심각한데, 중국은 이미 2001년부터 노령화단계에 급속도로 진입했고, 2050년이 되면 중국노령인구는 4억 명이 넘을 것이라는 예측도 나오고 있다. 주로 고령자 부부, 특히 독거노인을 표현 할 때 이 단어를 많이 쓴다.

최근 세계적으로 고령화가 심해지면서 중국에서도 마찬가지로 빈 둥지 노인(독거노인)이 증가하고 있으며 이는 간과할 수 없는 사회문제로 대두되고 있다.

한 조사에 따르면 작년 기준으로 중국 고령 인구 2억 명의 절반이 空巢老人[kōng cháo lǎo rén]이라고 한다. 또한 자녀가 취업, 학업,

결혼 등의 이유로 고향을 떠난 뒤 홀로 '둥지'를 지키고 있는 중년 노인들이 이로 인해 심리적 불안증상을 보이기도 하며 이를 '빈둥지 증후군'이라고 일컫는다.


## 恐归族[kǒngguīzú]

新义는 명절을 앞두고 고향에 내려가는 것을 두려워하는 사람들을 지칭한다.

최근 중국의 젊은 세대들이 고향으로 가기를 꺼려하며 고향으로 돌아가지 않고 홀로 명절을 맞이하는 경우가 늘고 있는데, 이들이 고향에 내려가기 꺼려하는 이유는 다양하게 해석된다.

먼저 재정적인 이유를 꼽을 수 있다. 중국인들은 춘절기간에 가족, 친지, 친구들에게 선물을 주는 문화가 오랫동안 지속되어 왔었고 이로 인해 한번 고향에 내려가면 고향에 돌아오기만을 손꼽아 기다리는 가족들을 위한 선물과 용돈, 조카들을 위한 세뱃돈까지 여간 부담스러운 것이 아니다. 더불어 매년 춘절기간은 복을 불러주는 길일이라는 중국인의 풍습과 맞물려 가족들이 한자리에 모일 수 있는 이점까지 더해져 이 시기에 결혼을 하려는 사람이 많아졌다. 즉 축의금도 만만치 않게 지출해야하는 기간인 셈이다.

또한 중국인들이 자주 쓰는 단어 중에 [miànzi], 즉 '체면'이라는 말이 있다. 중국인들에게는 당장의 경제적 부담이 있다고 하더라도 자신의 체면을 위해서라면 이러한 부담을 감수해야한다고 생각하는 문화가 있어 이들의 심리적 부담감은 가중된다.

재정적인 이유 외에도 명절에는 엄청난 민족이동으로 인해 기차표를 구하기가 쉽지 않고 또 고향에 가게 되면 '시험은 잘 쳤니?', '취직은 어디로 했니?', '결혼은 언제 하니?' 등등 친척들의 잔소리로 인한 다양한 스트레스를 받기 쉽다.

또한 80后 세대들의 개인주의적 성향은 더욱 심화되어 그들은 명절에 고향 방문 대신 친구들과 해외 여행을 가는 것을 선호한다고 한다.

## 恐韩症[kǒnghánzhēng]

글자를 해석하면 두려워하다-한국-증세이다. 즉 중국이 한국과 축구경기를 할 때마다 한국이 이기면 중국인들이 한국에 대해 느끼는 두려움을 비유적으로 표현한 신조어이다. 한국과 중국은 1978년 이후부터 2010년 1월까지 국가대표 남자 축구 경기에서 한국은 16승 11무로 패한 적이 단 한 번도 없어, 중국인들이 한국 축구에 대한 두려움이 병적이라고 할 만큼 강하다하여 생겨난 신조어이다.

원래 중국 대중 매체에서 사용하던 용어를 우리나라 대중 매체에도 가져와서 사용하면서 한국에도 널리 퍼졌다.

요즘은 恐韩症은 축구뿐만 아니라 바둑, 양궁 경기 등에서도 같은 의미로 사용되고 있다.

恐龙[kǒnglóng] 諸葛孔明

本义는 공룡이다. 新义는 못생긴 여성을 지칭한다.

이 신조어는 제갈공명의 이야기에서 유래되었는데, 즉 중국 삼국 시대 제갈량(诸葛亮)은 "卧龙(뛰어난 재능을 가진 제갈량이 초야에 묻혀 살아가는 것을 보고 주위 사람들이 '누워있는 용'이라고 부른 데에서 유래)" 이라고 불렸다. 당시 제갈량을 또 공명(孔明)이라고도 불렸는데 사람 들은 그의 아내 황월영을 孔龙이라고 불렸다. 황월영은 역사상에서도 이름 난 추녀였지만 재능은 아주 뛰어났다.

후에 중국 사람들은 못생긴 여자를 孔龙이라고 불렀고 孔明의 孔 과 발음이 유사한 恐(두려워하다)으로 글자를 바꾸어 '못생긴 여성'을 부를 때 사용하게 되었다.


空怒族[kǒngnùzú]

新义는 상습적인 비행기 출발 지연에 따라 공항 측에 분노를 표하 는 사람들을 지칭한다. 즉 空은 하늘, 항공을, 怒는 화를 내다라는 뜻 인데, 이 글자들을 합성하여 만들어진 신조어이다.

중국의 국내선 여객기가 시도 때도 없이 출발이 늦어지기로 악명 높고 더욱이 출발이 지연돼도 승객들에게 제대로 설명조차 해주지 않 는 경우가 허다하기 때문에 이와 같은 空怒族들이 생기게 되었다.

최근 들어서는 항공기 이륙이 지연되는데 대해 항의하는 사람들보다 비행 중인 항공기 안에서 말썽을 일으키는 경우가 늘어 다른 승객에게 피해를 주고 안전을 위협하는 사람들도 空怒族라고 칭한다. 이와 관련된 일화로, 비행하는 여객기 안에서 중국인 커플이 승무원에게 뜨거운 물을 퍼붓는 소동을 일으켜 여객기는 방콕으로 회항했는데 이 커플은 항공사에서 자신들의 좌석을 떼어놓은 데 대해 화풀이를 한 것으로 알려졌다. 이에 따라 홍콩 항공의 경우 空怒族의 공격을 막기 위해 여성 승무원들에게 중국 무술의 하나인 영춘권을 단체로 가르치고 있다고 한다.

중국 언론매체들은 空怒族을 '중국인에게만 있는 것'이라고 비평하며 다른 나라에서는 볼 수 없는 문제라고 비판하고 있다.

## 口红效应[kǒuhóngxiàoyìng]

新义는 경제 위기가 오면 사람들이 싼 립스틱을 사는 경향이 있는 경우를 가리킨다. 2008년 세계 경제 위기가 발생했을 때 미국 사람들이 주로 싼 립스틱을 많이 사는 현상이 나타났다. 그 이유는 사람들이 경제 위기 때 쇼핑을 별로 할 수 없기 때문이다. 하지만 쇼핑하려는 욕망은 있기 때문에 립스틱 등 비교적 저렴한 상품을 사면 큰 돈도 필요 없고 자기 쇼핑하는 욕망도 풀 수 있기 때문이다. 이에 경제학자들이 이런 현상을 '口红效应'이라고 하면서 유행하게 된 신조어이다.

## 抠抠族[kōukōuzú]

新义는 절약이 몸에 밴 중국의 젊은이들을 지칭한다.

'抠'는 파고들다, 인색하다, 짜다 등의 의미로 '抠'를 중첩한 이 신조어는 돈 한 푼도 두 쪽으로 나눠 쓰는 등 철저하게 계획적인 소비를 하는, 절약이 몸에 밴 중국의 젊은이들을 가리키는 단어이다.

우리말로는 짠돌이 또는 알뜰살뜰족 정도로 해석할 수 있다. 사치스러운 소비를 하는 럭셔리족이나 月光族과는 상반되는 단어이다.

이들은 택시 대신 대중교통을 이용하는 것은 필수이고 친구들과의 모임은 밖이 아닌 집에서 만든 음식을 준비하기도 하며 패스트푸드는 할인쿠폰을 다운받아서 먹고 또 물건은 공동구매를 활용하는 등 네티즌들은 커우커우족으로 살아남을 수 있는 방법들을 서로 공유하며 절약을 실천하여 만족을 얻는 소비습관을 자랑스럽게 여기고 있다.

최근 抠抠族이 늘면서 이들은 알뜰하다는 긍정적인 의미로 쓰이기도 하지만 "我请客"라며 한턱내기를 좋아하는 중국전통관습과 상반되는 철저한 더치페이와 돈 한푼 내지 않으려는 소비습관으로 짠돌이라는 부정적인 의미로도 많이 쓰인다.

# L

## 拉锯战[lā jù zhàn]

사전적 의미는 일진일퇴의 긴 싸움, 시소싸움인데 이 의미가 확장
되어 두 사람이 톱질하듯 서로 밀고 당기는 것이라는 뜻으로도 쓰인다.

중국에서 남녀가 썸을 타거나 애매한 사이일 때 暧昧[àimèi] 혹은
玩暧昧, 즉 애매하다, 불확실 하다, 어중간 하다, 남녀 관계가 그렇고
그런 사이다. 등의 의미로 쓰이는데 이런 사이일 때 서로가 서로의 간
을 보면서 밀당하는 것을 말한다.

유사한 표현들로는 다음과 같은 것들이 있다.


1) 欲擒故纵的把戏

사자성어 '欲擒故纵[yùqíngùzòng]'을 가져다 썼는데 한자를 그대
로 해석하면 "붙잡고 싶지만 일부러 놓아주다"이다. 현대 신조어 사
전에서 검색해보면 '더 큰 것을 잡기 위해 일부러 놓아주다, 더욱 제
압하기 위해 일부러 느슨하게 하다'라는 뜻이라고 한다. '다신 밀당하
지마'라는 말을 "不要再玩欲擒故纵的把戏"라고 표현한다.

2) 欲拒还迎 / 欲迎还拒

첫 번째 표현 欲拒还迎은 한자 그대로 풀이해보면 '거절하고 싶으나 맞이한다'는 뜻이고, 두번째 표현 欲迎还拒는 두 글자만 위치가 바뀌어서 '맞이하고 싶으나 거절한다'라는 의미이다.

첫 번째 표현 欲拒还迎은 상대방이 싫어서 거절하고 싶으나 차마 거절은 못하고 맞이하는 상황일 때 보통 쓰인다고 하고 두번째 표현 欲迎还拒는 그 반대로 상대방이 마음에 들어서 맞이하고 싶으나 마음을 직접 드러내기가 부끄러워서 거절하는 상황에서 사용한다.


辣妈[làmā]

글자 그대로 풀이하면 '매운 엄마'라는 뜻의 麻辣妈妈의 약칭으로 新义는 출산 후에도 자기 관리에 소홀하지 않고 자기 일에 자존심이 강한 20~30대 젊은 엄마를 지칭한다.

'麻辣妈妈'의 약칭으로 각선미나 날씬한 몸매 등으로 주목을 받는 것이 아니라 생활의 질을 추구하며, 교양, 말투, (성숙한 근무) 태도 등으로 사람들의 주목을 받는 여성을 가리킨다.

우리나라의 미시(missy)와 비슷한 개념으로 辣妈(Hot-mom)이라는 말을 쓴다. 특히 중국 경제발전의 혜택을 직접적으로 누리면서도 결혼과 출산을 겪은 80后도 辣妈의 모습이라고 할 수 있다. 辣妈들은 일과 육아를 병행하는 워킹맘이 주를 이루고, 유행아이템을 추구하는 젊은 소비층의 특징과 '건강과 안전'을 강조하는 아기엄마들의 특징을 모두 가지고 있다.

유래는 빅토리아 베컴이 베컴과 결혼하기 전 그녀의 팬들이 그녀를 '辣妹'라 부르던 데에서 출발하였다. 팬들은 그녀가 베컴과 결혼한 뒤 그녀를 '辣妈'라고 불렀고, 현재는 유명스타를 가리키는 말이 아닌 이러한 성격을 가진 신세대 엄마를 일컫는 말로 확장되었다.


## 辣奢族[làshēzú]

新义는 사치스러운 소비를 추구하는 사람들을 일컫는 말로, 우리말의 '명품족'에 해당된다.

辣奢族[làshēzú]는 영어의 Luxury와 발음이 유사하여 음역된 신조어로 경제적 환경이 좋은 가정에서 태어났거나 고소득층(월수입이 2만 위안~5만 위안)에 주로 해당되는 말이다. 하지만 80后, 90后 세대의 일부 젊은이들도 자신의 가정형편은 고려하지 않고 라셔족처럼 사치스럽게 돈을 쓰는 소비스타일을 보인다고 한다.

이러한 소비 형태는 경제적으로 여유가 되지 않는데도 불구하고 무리하여 차를 구입하고 난후에 관리와 유지를 힘들어하며 고통을 받는 사람을 일컫는 신조어 车奴와 신용카드나 현금 카드를 과도하게 사용한 후 돈을 갚지 못해 빚더미에 앉은 카드사용자를 일컫는 신조어 卡奴 등으로 나타나기도 한다.

## 賴校族[làixiàozú]

학교에 의지하는 사람들을 뜻하는 말로 대학 졸업 후 취업에 실패하고 계속 학교에 남아 직장을 구하는 사람들을 지칭한다. 이는 중국 교육부가 자국 내 소비시장의 변화를 보여주는 신조어를 소개하면서 알려진 것이다. 賴校族[làixiàozú]엔 취업에 실패한 사람도 포함되나, 취업에 실패한 사람이 아니라 취직과 진학에 뜻이 없고 그냥 학교에 계속 남아있는 사람들을 뜻하기도 한다.

아울러 졸업 후에도 취업을 못해 학교에 남아 있는 賴校族[làixiàozú]가 늘면서 외국어 교육관련 시장 규모가 2010년에 300억 위안에 이르고 이후 온라인 교육시장 진출도 유망할 것으로 전망된다.

결국 취업을 하지 못한 이들이 외국어 학원이나 인터넷 강의에 몰리면서 야기도는 어학 시장의 팽창을 뜻하기도 한다. 아울러 급성장하고 있는 중국 경제에 '賴校族'은 심각한 사회문제로 떠오르고 있다.

## 老公族[lǎogōngzú]

本义는 '老公', 즉 환관이나 내시를 지칭하였으나 新义는 여러 분야의 양성반에서 젊은이들과 함께 공무원 시험 준비를 하는 중노년 층을 가리킨다.

최근 중국에서도 조기 실업자 혹은 명예퇴직자 등이 증가하면서 제 2의 취업을 희망하는 중노년 층이 증가하고 있으며, 이러한 사회현 상을 대변하여 만들어진 신조어이다.

## 老军医[lǎojūnyī]

新义는 '군의관'이라고 사칭하면서 이곳저곳 속이고 다니는 사기 꾼을 가리킨다.

두 가지 뜻이 있는데, 첫째는 나이가 많고 과거 혹은 현재 부대에 서 의료 업무에 종사했거나 하고 있다. 긍정적인 의미로는 과거에 부 대 관리가 엄해서 군인의 바른 처신을 중요시했고 군관의 대우가 높 고 우수한 의료계 종사자들이 부대의원에 대거 집중되었기 때문에 군 의관에 대한 사람들의 인식이 좋았기 때문에 이들을 老军医라는 칭호 로 불렀다.

둘째는 사회의 돌팔이 의사를 지칭한다. 군의관 경력을 사칭하며 엉터리로 치료를 하는데 특히 성병을 잘못 고쳐 소송을 당하기도 한 다. 이들은 병자들의 심리를 악용하여 금전을 편취한다. 수준이 낮고 나이가 많은 의사를 老军医라 부르는데 노골적인 조롱의 의미가 있고 老兽医라고 부르기도 한다.

## 泪奔[lèi bēn]

泪[lèi]는 눈물이고 奔[bēn]은 달리다라는 뜻이다.

'눈물을 흘리면서 뛰다'가 원뜻이지만 뛰는 상황이 아니라도 눈물이 날 때 모두 사용이 가능하며 보통 아쉬운 느낌이 강해 슬픈 느낌이 들 때 많이 사용한다. 이 단어는 인터넷 용어로 주로 사용된다. 예를 들면 很努力地复习考试，竟然没有过，泪奔![hěn nǔlì de fùxíkǎoshì, jìngrán méiyǒu guò, lèi bēn!](열심히 시험을 준비했는데 결국 통과하지 못했다. 아 눈물 난다!)처럼 쓰인다.

## 累觉不爱[lèijuébúài]

新义는 "很累，感觉自己不会再爱了(너무 힘들어, 다시는 사랑 못할 것 같아)"의 줄임말로 과중한 업무 스트레스 등으로 연애할 여력이 없는 일부 젊은층을 지칭한다.

유래는 豆瓣[douban]이라는 사이트에 올려진 어느 10대 누리꾼의 글에서 처음 나왔고, 이후 이 글이 20~30대 성인들의 입에도 오르내리며 유행처럼 번졌다.

雷人[léirén]

本义는 '벼락이 사람을 치다'이다.

新义는 '예상을 뛰어넘다. 놀라다. 기가 막히다' 등의 의미로 쓰인다.

2008년부터 중국에서 유행하는 인터넷 용어로, 어이없는 상황이나 놀라운 상황 혹은 어색하고 자연스럽지 않은 경우에 쓰인다. 한국어 신조어로 비유하자면 '헐'과 같이 쓰인다고 할 수 있다.


冷美人[lěng měi rén]

冷[lěng]은 '차다'의 뜻이고, 美人[měirén]은 '미녀'라는 뜻으로, 新義는 차갑고 도회적인 이미지의 미녀를 지칭한다.

즉 도도하고 말이 별로 없고, 감정 변화도 별로 없는 얼음 공주형 미인이다.

긍정적인 의미는 이성적이며 차분하고 고급스런 도시 이미지를 가진 여성으로 능력이 뛰어나며 일도 잘하고 공사 구분이 뚜렷하며 차분한 이미지인 여성을 뜻하는 쪽으로 많이 사용된다. 대체로 이런 평을 받는 여성들은 냉정한 이미지로 보이는 경우가 많은 듯하다. 패션에서 유래했다고 보는 경우도 있는데, 차가운 도시의 이미지를 느끼게 하는 저채도, 저명도를 중심으로 검정, 흰색, 회색의 무채색과 맑은 색이나 퇴색된 듯한 파스텔 톤이 그런 이미지를 주기 때문에 '차도

녀'와 같은 이미지를 만들어 주었다.

부정적인 의미로는 감정기복이 거의 없으며 자기가 좋아하는 것 외에는 무시하거나 진지하게 생각하지 않는다. 또 말에 대꾸를 할 때에는 거만하게 몸을 돌려 무시하거나 일반적으로 다른 사람들에게 냉담하며 무관심하다. 자신이 남보다 한수 위라고 생각해 자만심이 높으며 항상 남성보다 우위에 있다고 생각한다. 그러나 이러한 여성들은 종종 남성들의 도전적 호기심을 불러일으킬 수 있으며 이들의 가장 주된 핵심은 도도하다는 것이다

### 梨花头[líhuātóu]

'梨花头'는 요즘 유행하는 머리 스타일을 지칭한다.

2010년부터 유행한 머리 스타일로 처음에는 일본에서 유행하였다. 이후 중국의 헤어디자이너 狄一가 이를 배워서 중국 스타들에게 이 스타일대로 스타일링을 많이 했기 때문에 유행하게 되었다.

### 力挺[lìtǐng]

新义는 주로 인터넷용어로 사용되며, 의미는 적극 지지하고 도와주다. 상대방을 믿고 응원하고 도와주고 지지한다는 의미로 쓰인다.

'給力'라는 신조어와도 의미도 어느 정도 상통한다.


## 6666666[liùliùliùliùliùliùliùliù]

新義는 '도망'이라는 뜻으로, "溜"과 발음이 비슷하여 생겨난 인터넷 용어이다.

게임에서 주로 많이 쓰이는데, 게임에서는 빨리 빨리 커뮤니케이션을 해야 되기 때문에 '逃跑'라는 도망가다의 표현을 대신해 사용하게 되었다.

일상 SNS에서도 많이 사용된다.


## 楼薄薄[lóubóbò]

新義는 건축물의 상하층 층간 폭이 국무원《건축공정질량관리법》에서 규정한 표준에 미치지 못하는 건축물을 조롱조로 일컫는 말이다. 예를 들어 위층과 아래층의 소음방지가 안되어 주민들의 대화가 서로 들리는 아파트를 '楼薄薄아파트'라고 부르고 있다.

중국도 우리나라처럼 부실공사가 사회적 문제로 대두되고 있는데, 급속한 경제성장으로 중국인들의 주거 형태도 급속하게 아파트로 바뀌어졌다. 이때에 생겨난 문제점으로, 부실 공사로 인해 위층 소음이 아래층에서 들리는 아파트가 많아졌다. 이러한 문제점으로인해 이웃 간의 다툼이 크게 번지는 사례가 많아지면서 이러한 부실 아파트를 일컫는 신조어가 생긴 것이다.

## 裸体官员[luǒtǐguānyuán]

新义는 자신은 중국의 공무원이면서, 배우자와 자식은 다른 나라에 거주하고, 또 그 나라의 국적을 취득하거나 영구거주권을 취득하는 상황을 가리킨다.

최근 중국에서도 자녀의 교육, 혹은 재산의 축재를 위하여 자신은 기러기아빠로 살고, 다른 가족은 다른 나라에 사는 현상이 많아졌는데, 이러한 기러기아빠 중 중국의 공무원이 많아지면서 이러한 현상을 빗대어 만들어진 신조어이다.

## 路怒族[lùnùzú]

新义는 도로 위의 무법자라는 뜻이다.

이 신조어는 '길'이라는 의미의 '路'와 '화나다'는 의미의 '怒'가 합쳐진 단어로 도로위에서 폭력행위도 서슴치 않는 도로위의 무법자를 의미하는 말이다.

路怒族은 운전을 하다가 다짜고짜 칼이나 각목부터 꺼내는 일이 비일비재하다. 2015년 3월 7일 랴오닝성에서는 한 남성이 구급차가 자신을 앞질렀다는 이유로 구급차를 가로막고 30분간 흉기를 휘둘러 결국 구급차에 타고 있던 환자가 숨지는 일이 발생하기도 하였다.

이러한 문제는 교통문화가 비교적 잘 확립된 우리나라에서도 종종 발생하는데 교통질서가 확립되지 못한 중국에서는 더욱 심각한 사회문제로 부각되고 있다.


## 绿段子[lǜduànzi]

'绿'는 녹색, 친환경, 천연, 무공해 등의 뜻이며 신조어인 绿段子는 긍정적이고 사람을 격려하는 문장내용을 말한다.

중국에서는 이미 오래전부터 '黃段子'라는 단어가 등장했는데, 음란한 내용만 나오는 '黃段子'를 억제하기 위해 이에 대응하여 긍정적인 내용만 나오는 '绿段子'가 만들어졌다. 특히 최근에는 청소년들이 건강하게 성장하기 위해 인터넷, 스마트폰 등을 통해 '绿段子'를 전파하고 있다.

绿客[lǜkè]

新義는 웰빙족이라는 뜻이다. 즉 건강함을 상징하는 녹색의 '绿'
와 사람을 나타내는 '客'가 합쳐서 생긴 신조어이다.

이들은 자신의 생활을 사랑하고 건강을 우선시하며 야외활동 등
운동을 즐기며 자신과 환경 모두를 중요하게 생각하는 사람들이다.
이들은 퇴근 후 휴대폰을 꺼놓고 비타민 C 섭취를 위해 채소를 즐기
며 주말에 외출할 때에는 쓰레기봉투를 꼭 소지한다고 한다.

우리나라의 웰빙족과 유사한 개념으로 사용되며, 乐活族[lèhuózú]
이라고도 한다.

# M

抹布女[mābùnǚ]

新義는 남자의 성공을 위해 열심히 뒷바라지했는데 성공한 남자
로부터 버림받은 여자를 말한다.

강서위성방송(江苏卫视)이 제작한 드라마 내용에서 유래 되었는
데, 抹布는 걸레, 행주라는 뜻으로 남자를 위해 열심히 걸레질하고 쓸

고 닦고 했지만 결국에는 버림받은 여자를 일컫는 말이다.

　사법고시나 공무원시험 준비 등을 위하여 여성이 남성을 열심히 뒷바라지했지만 결국 남성이 합격 후에 여성과 이별하는 현 세태를 반영한 신조어로, 우리나라의 '헌신짝녀'와 비슷한 개념이다.


　　卖萌[màiméng]

　本义는 새싹을 팔다이지만, 新义는 귀여운 척하다이다.
　卖萌의 '萌'은 일본 애니메이션에서 유래된 말로 일본어 萌(모에)라는 말이 중국으로 들어오면서 '귀엽다'라는 뜻으로 사용되었는데 '귀엽다'라는 뜻의 '萌'에 동사 '卖'가 붙어서 귀여움을 발산하다, 귀여운 척하다라는 뜻으로 사용하게 되었다.
　처음에는 긍정적인 의미로 사용되었는데 요즘에는 부정적인 의미로도 사용되고 있다고 한다.
　그리고 萌이라는 글자가 十 + 日 + 十 + 月 이 합쳐진 단어 같다고 해서 매월 10월 10일에는 귀여운 척을 해도 되는 날이라고 정했다고 한다.

**蛮拼的[mánpīnde]**

정말 노력했으나 결과가 좋지 않을 때 사용한다.

2014년 <아빠 어디가 2>에 출연했던 가수 曹格는 방송 중에 빈번히 이 말을 사용했는데, 우리말로는 '열심히는 했어', '애썼어' 등의 말로 표현할 수 있다.

이후 시진핑 주석이 2015년 신년 축사를 하던 중 당 간부들을 향해 혁신과 각성을 당부하기 위해 이 단어를 수차례 사용하면서 중국 전역에 급속도로 유행하게 되었다.


**漫游[mànyóu]**

本义는 슬슬 나돌아 다니다, 주유하다이지만, 新义는 휴대폰 '로밍서비스'라는 의미로 확장되었다. 로밍서비스에서 roam이라고 하면 '정처 없이 걸어다니다, 거닐다, 배회하다'라는 뜻인데 최근 자신의 휴대폰을 해외에서 편하게 쓸 수 있는 이 로밍서비스의 등장으로 이러한 의미를 가지게 되었다.

## 冒泡[màopào]

本义는 거품이 일다. 거품이 끼다 등의 의미이지만, 新义는 인터넷 상에서 의견이나 댓글을 달지 않던 사람, 즉 눈팅족이 갑자기 댓글이나 의견을 달거나 사진을 게시하는 등 활발한 활동을 하며 등장하는 것을 말한다.

또 다른 의미로는 군대에서 자주 사용하는 것으로, 예를 들어 모두 구호에 맞혀 우향우를 하고 있을 때 혼자 좌향좌를 하고 있는 사람을 보고 冒泡라고도 한다.

## 槑[méi]

본의는 매화나무라는 뜻으로 梅라는 글자와 자주 통용되었다. 요즘에는 인터넷에서 많이 사용하며, 新義는 아주 멍한 모습을 가리킨다.

즉, 처음 인터넷에서 사람들이 槑라는 한자를 봤을 때 자형을 보고서 呆, 즉 어리석다라는 뜻을 연상했다. 그래서 呆라는 한자가 두 개 같이 있으면 더 멍한 느낌을 느꼈다. 이후 인터넷에서 '멍때리다'라는 의미로 많이 사용하게 되었다. 일상 생활에서는 어떤 사람이 너무 멍때리거나 생각이 항상 한 발 늦은 생황에서 槑라는 신조어를 쓴다.

## 萌萌哒[méngméngdā]

萌萌哒에서 萌은 인터넷 용어로 귀엽다는 의미이고, 萌이 중첩되면서 매우 귀엽다는 의미로 쓰인다. 또한, 단어 끝에 붙여 쓰는 的 대신 哒를 사용하여 유머러스하고 친근하게 쓰이고 있다. 최근에 중국에서는 的 대신 哒를 사용하기 시작하면서 많은 신조어를 만들어냈는데 예를 들어 애인이나 친구를 친근하게 부를 때도 '亲爱的' 대신에 '亲爱哒'라고 쓰기도 한다.

이후 시진핑(習近平) 주석이 호주를 방문했을 당시 부인 펑리위안(彭丽媛) 여사가 코알라를 안고 있는 모습을 보고 네티즌들이 '萌萌哒'라는 표현을 사용하면서 신조어로 자리 잡았다고 한다. 2014년 한 해 동안 중국 웨이보에서 가장 많이 사용된 단어 1위를 차지하였다.

## 蜜月保姆[mìyuèbǎomǔ]

新义는 신혼가정부로, 신혼부부에게 전문적으로 가사를 가르쳐 주는 보모를 일컫는다. 결혼 후 가사일 하는 것을 난처해하는 젊은 신혼부부들이 많이 생겨나자 신혼부부들이 가정생활의 어려운 점을 해결하기 위해 신혼 가정부를 고용하곤 한다. 신혼 가정부들은 신혼부부에게 마치 보모처럼 요리, 세탁, 청소하는 법 등을 가르쳐 준다.

신혼 가정부가 되기 위한 자격조건도 있는데, 보통 25세에서 40세

사이의 요리 솜씨가 좋고, 친화력이 있으며, 장기가 많은 사람이어야 한다고 한다.

특히 한 가정 한 자녀 정책 때 태어난 소황제들이 신혼의 어려움을 느끼며 신혼가정부를 많이 찾는다. 하지만 이들이 신혼가정부를 고용하는 기간은 비교적 짧은데, 보통 1~2개월 정도이고 길어도 3개월은 넘지 않는다. 신혼부부가 모든 일을 스스로 처리할 수 있는 날이 되면 이들의 일도 끝난다고 한다.

## 秒杀[miǎoshā]

인터넷 판매자가 일정한 시간동안 한정적으로 진행하는 타임세일(시간, 수량, 초특가) 방식으로 판매하는 것을 이르는 신조어이다.

현재 "秒杀"는 인터넷 경매의 새로운 방식이 되었으며 인터넷 판매자가 저렴한 가격의 상품들을 게시하면 소비자들이 동일한 시간에 인터넷에서 앞 다투어 구매를 하는 것을 나타낸다. 또 경기가 끝날 무렵 마지막 점수를 따내 승부를 거는 등 치명적인 순간에 상대를 제압할 때 사용되기도 한다. 이 단어는 중국교육부에서 2007년 8월에 171번째로 새로 생겨난 단어로 공표되었다.

이 신조어는 극히 짧은 시간(1초)내에서 상대를 해결한다는 뜻의 영어 Sec-Kill에서 유래하였다. 온라인 게임에서 눈 깜박할 시간 내에 게임 중의 상대배역을 살해하는 것을 묘사한 것이다.

民生博客[mínshēngbókè]

新义는 정부 관리들이 개설하고 시민들이 교류하는 블로그를 가리킨다.

정부와 시민 간의 교류의 장을 마련하고 민생부문을 개선하기 위한 블로거들의 적극적 활동을 위해 특별히 개설된 강서성 뉴스사이트 강서문화사이트는 "올바른 방향으로의 인도를 책임진다"라는 사이트의 창설 이념을 고양하기 위해 2008년 7월 21일 전국 유일의 "민생블로거"라는 특별코너를 개설했다.

현재까지 강서성에는 75명의 서기와 县长들이 민생블로그를 개통함으로써 강서성 68퍼센트 이상의 현 급 도시에서 국민들의 당면한 문제와 고충을 3,000여건 이상 해결하였고 이에 대한 네티즌의 댓글과 평가는 2만480개, 방문횟수는 90여 만 건에 달한다. "민생블로그"는 국내의 현급 이상 간부들이 제일 많이 집결하는 장소이자 영향력이 가장 큰 상호소통사이트로 자리잡게 되었다.

木有[mùyǒu]

직역을 하면 '나무가 있다'라고 해석할 수 있지만 신조어로는 최근 중국 인터넷 상의 용어로 없다는 뜻의 '没有'를 귀엽게 표현한 단어이다. 한국의 인터넷상의 용어로 예를 들자면 '사랑해'를 '따랑해'

라고 하는 것과 유사하다.

# N

### 拿铁族[nátiězú]

이 신조어는 카페라테에서 따온 말이다. 카페라테는 커피 10퍼센트, 우유 70퍼센트, 거품 20퍼센트로, 커피 본연의 쓴 맛보다 부드러우며 단 맛을 강조한 맛이다. 사회개혁에 앞장 서기 보다 자신만의 생활원칙을 지키며, 인생을 여유롭게 살아가고, 사교를 중시하는 이들을 지칭한다. 라떼는 拿铁[nátiě]라고 한다.

### 奶嘴男[nǎizuǐnán]

新义는 나이가 들어서도 독립하지 않고 부모에게 의존하고 사는 남성이나 마마보이를 뜻한다.

奶嘴男[nǎizuǐnán]은 '우유병의 젖꼭지'라는 뜻의 奶嘴[nǎizuǐ]에 男[nán]을 붙여 '젖꼭지남'이란 의미를 지니는데, 奶嘴男은 나이가 들어서도 엄마 젖을 못 떼는 남자라는 뜻으로 '마마보이'를 일컫는 신조어이다. 이들은 독립할 나이가 지났음에도 여전히 독립하지 않고 부모의 도움으로 살며, 설사 결혼을 하더라도 부인에게 의존하여 사는 남자들이다. 최근 중국의 20~30대 남성들 중에 이같은 남성이 많다고 한다.

## 你OUT了[nǐ OUT le]

新义는 유행에 뒤처져 누군가와 대화를 할 때 상황 파악을 잘 못하는 사람들을 지칭한다. 즉 친구들과 이야기를 하는데, 혼자만 못 알아듣고 멍하니 있을 때 "너는 구식이야!", "너는 유행에 뒤처졌어"라는 뜻으로 사용되는 신조어이다. "OUT"은 일상생활 중에서 널리 사용되는 영어로, 시대에 뒤처져 유행을 따라갈 수 없음을 나타낸다. 또 어떤 것을 배웠지만 따라가지 못하고 뒤떨어질 때에도 쓰인다.

## 女汉子[nǚhànzi]

女汉子[nǚhànzi]는 '여성'의 女[nǚ]와 '남성 또는 사나이'라는 뜻의 汉子[hànzi]가 합쳐진 단어로 남자 같은 성격을 가진 여자, 즉 여장부를 지칭하는 신조어이다.

女汉子의 특징은 애교가 없고 성격이 밝고 시원시원하고, 사소한 것에 얽매이지 않고 낙관적이고 책임감이 강하며, 또 화장하는 것을 좋아하지 않고, 남자들과 형 동생하면서 지내고, 아주 독립적이고 스스로 강해지기 위해서 노력하고 개성이 뚜렷하다는 점이다. 어떤 면에서는 갈수록 치열해지는 경쟁사회에서 살아남기 위해 남자와 똑같이 고군분투해야 하는 현대 여성들의 왜곡된 여성성을 풍자한 것으로도 볼 수 있다.

女汉子와 반대로 남성에게 쓰는 신조어도 있는데 예를 들어 娘炮[niángpào]라고 하면 남성들 중에서 말이나 표정, 행동이 여성스러운 사람을 말할 때 사용하며 부정적인 의미로 '남자답지 못하다'라는 의미로 주로 사용이 된다.


# O


### 欧巴[ōubā]

欧巴[ōubā]는 우리나라의 '오빠'를 음역한 신조어로 중국내 한국 드라마의 광풍으로 나타난 단어이다. 중국어에는 오빠라는 의미의 '哥哥'라는 단어가 있지만 우리나라의 '오빠'와는 의미가 조금 다르고 뭔가 부족한 느낌 때문에 단어의 어감을 더 살리기 위해 만들어졌다. 欧巴는 중국에서 잘생긴 남자 또는 잘나가는 남성을 뜻하는 신조어로 주로 쓰이며, 여성들이 연상의 남성 연인 또는 자신이 좋아하는 남성 연예인을 지칭할 때 자주 사용된다.

欧巴는 드라마 <상속자들>로 시작해 <별에서 온 그대>가 중국에서 큰 인기를 얻으면서 한류열풍으로 중국에 유입된 신조어로 한국드라마에 대한 인기가 많음을 반증하는 증거이기도 하다. 현재 많은 사람들이 사용하고 있으며 사전에도 정식으로 등록될 가능성이 있다고 한다.

# P

## 拍[pāi]

本义는 '(손바닥이나 납작한 것으로) 치다'라는 뜻이며 동사로 주로 쓰인다. 新义는 인터넷 쇼핑몰에서 물건을 구입하다는 뜻으로 쓰인다.

이 신조어는 淘宝网라는 중국 인터넷쇼핑 사이트에서 비롯되었는데, 최초에 "拍下宝贝(보물 구입)"이라는 단어가 먼저 나왔고 이후 인터넷 쇼핑몰에서 쇼핑 바구니에 담은 다음 온라인으로 결제하여 구매하는 행위를 "拍"라고 했다.


## 排骨美女[páigǔměinǚ]

갈비를 뜻하는 排骨와 美女가 결합한 신조어로, 최근 날씬함을 넘어서 마른 것을 추구하는 여성들이 많아짐에 따라 이러한 여성들을 지칭하는 신조어이다. 주로 앙상하게 뼈만 남은 여성을 지칭하는 부정적인 단어로 쓰인다.


## 陪拼族[péipīnzú]

新義는 여자들이 쇼핑할 때 어쩔 수 없이 함께 다녀주는 남자를 뜻한다. 최근에는 이 같은 남자들을 위한 老公寄存处[lǎogōngjìcúnchù]라는 곳도 생겨났는데, 이는 '남편 보관소', '남편 휴식처'라는 뜻이다.

이 공간은 쇼핑에 억지로 따라갔지만 지루해하는 아빠들을 위한 공간으로 백화점카드와 간단한 신상명세, 핸드폰번호, 쇼핑정보제공 동의서를 작성하면 이용할 수 있다고 한다.

이렇게 맡겨진 아빠들은 인터넷 서핑을 하거나 책을 읽으며 아내를 기다리는데, 한 백화점은 인터넷 게임을 해서 일정 정도의 점수에

도달하면 포인트와 함께 작은 선물을 주는 행사도 열었다고 한다.

이 같은 공간이 생기면서 아내들은 좀 더 편하고 여유있게 쇼핑을 즐길 수 있게 되었다.


### 漂宅族[piāozháizú]

漂宅族들은 다양한 어플리케이션을 이용해 업무를 처리하고 다른 사람들과 소통하며  교통, 외식, 쇼핑 등 크고 작은 생활 정보를 스마트폰에서 찾는다.

중국에서는 이같은 漂宅族이 늘어나면서 모바일 어플리케이션 시장도 자연스레 성장하고 있다. 이는 스마트폰이 대중화 되면서 중국뿐 아니라 우리나라를 포함한 전 세계적으로 나타나는 현상이다.


### 拼爹[pīndie]

新义는 공부를 잘하는 것보다 성공한 아버지 한명이 있는 것이 더 낫다는 비판적인 뜻이다.

중국의 경제 개혁개방 이후 빈부격차가 갈수록 뚜렷해지고 있는 현대사회에서 자녀들의 빈부의식도 갈수록 뚜렷해지고 있다. 이러한 사회적 환경이 자녀들로 하여금 각자 자신의 부모를 비교하면서 이러한 신조어가 생겼다.

이와 관련하여 2010년 10월 河北大學 캠퍼스 슈퍼 앞에서 여대생 두 명이 검은 차에 치여 한명은 사망하고 다른 한명은 중상을 입는 사건이 발생했는데 가해자 이계명(李啟銘)은 뺑소니를 치다가 경비에게 붙잡히자 "능력이 있으면 한번 고소해봐, 우리 아빠가 이강(李剛)이야"라는 발언을 하여 인터넷에서 큰 화제가 되었고, 이후에도 '고위 공무원 2세'들이 줄줄이 사회적인 물의를 일으키면서 "拼爹"라는 신조어가 유행하게 되었다.

또한 "70后(1970~1979년생)는 저금이 있고, 80后(1980~1989년생)는 대출이 있으며, 90后(1990~1999년생)는 성공한 아빠가 있다라는 자조 섞은 농담도 유행하였다.

## 贫二代[pínèrdài]

新义는 가난을 물려받은 젊은 세대를 뜻한다.

二代는 부모에 이어 그 자식에게까지 부와 권력이 대물림 되어 세습이 이루어지는 사회현상을 말하는데, 이 중 贫二代는 개혁개방 이후 심화된 빈부격차로 일자리를 찾아 도시로 몰린 농민공의 2세가 주로 해당된다.

이는 중국정부가 추구하는 개혁개방의 목적인 '선부론적 경제발전'의 어두운 모습이라고 볼 수 있다. 이외에도 부의 되물림을 뜻하는

富二代, 관직의 되물림을 뜻하는 官二代, 인민해방군 장성 자리의 대물림을 뜻하는 军二代, 스타 연예인 2세를 뜻하는 星二代 등의 신조어가 생성되었다.

이는 빈익빈 부익부, 부의 대물림이 중국사회의 큰 문제로 나타나고 있다는 것을 의미한다.


### 拼一族[pīn yī zú]

新義는 "하나로 합치다"라는 뜻으로, 공동의 목적을 위해 동질적 구매습관을 가진 독신자끼리 공동구매를 하는 것을 일컫는다.

즉 물가가 상승하고 독신자가 증가하는 현대에서 인터넷을 통한 실시간 네트워킹의 가능해지면서 생겨난 개념으로 출퇴근 카풀, 미용실의 정액카드 공유하기, 잡지 돌려보기 등이 이들의 구매습관에 해당된다.

# Q

## 奇葩[qípā]

新义는 인터넷용어로 어떤 사람 혹은 어떤 사건이 아주 기이하고 개성 있고 드물다는 의미를 나타낸다.

처음에는 아름다운 꽃을 형용하는 단어로 문학이나 예술적인 면에서 천재나 걸작을 칭하는 말로 쓰이다가 의미의 변화가 발생하여 별종, 외계인 같이 웃기고 기이하며, '개성이 있어 인간 세상에서는 아주 드물다'라는 뜻으로 쓰여 대부분 조롱조로 쓰였다.

요즘은 상대방을 비하하는 부정적인 뜻이 사라지고, 개성이 강하고 기이한 현상을 지칭하는 신조어로 쓰인다. 한국어의 괴짜 정도에 해당된다.


## 潜力股[qiánlìgǔ]

本义는 주식 중의 성장 잠재주라는 뜻이지만 新义는 책임감과 안정감을 갖고 있으며 현재는 평범한 사람이지만, 나중에는 반드시 성공을 이룰 수 있는 남성를 가리킨다.

枪手[qiāngshǒu]

本义는 사격수이나 新义는 글을 대필을 해 주는 사람을 가리킨다.

고대에서도 槍手는 본의 외에 다른 사람을 위해 문장을 써주는 사람을 가리키기도 했는데, 시대가 변화하면서 枪手에 많은 새로운 의미가 부여되었다.

요즘은 다른 사람을 위해 글을 써주는 사람을 지칭할 뿐만 아니라 다른 사람을 위해 그 사람의 신분을 빌려 일을 대신 해주는 것까지 모두 지칭하여 말한다. 예를 들어 다른 사람을 대신하여 시험을 쳐 주거나 논문을 써주고 보상을 받는 사람을 말한다.


亲[qīn]

중국어에서 亲은 아주 가깝고 친한 사이를 뜻하는 단어로 친척은 亲戚[qīnqi], 부모는 双亲[shuāngqīn], 결혼/혼사는 亲事[qīnshi]라고 표현을 하며, 일상생활 속에서 亲爱的는 '자기야' 혹은 '달링'이라는 의미로 많이 쓰이고 있다.

요즘 인터넷 상에서 많이 사용되고 있는 亲은 중국 온라인 쇼핑몰 淘宝网을 통해 널리 쓰이기 시작하였는데, 즉 물건을 사려는 고객이 보다 친근감을 느낄 수 있도록 방문하는 손님들을 亲이라고 부르기 시작한 것이다.

亲爱的는 쉽게 오해를 불러일으킬 수 있으므로 그중 애매한 관계를 나타내는 爱를 빼고 亲을 통해 친밀하고 다정한 관계만을 나타내는 신조어를 만들어낸 것이다.


## 亲妈饭[qīnmāfàn]

私生과 비슷한 의미로, 열성팬이라는 뜻을 나타내는 인터넷 신조어이다. 중국에 K-pop 열풍이 불면서 많은 한국가수들이 중국에서 사랑을 받았는데, 亲妈는 가수를 향한 팬의 사랑이 마치 자식을 향한 어머니와 똑같다는 뜻으로 해석할 수 있고, 饭은 영어 팬(fan)의 음역이다.


## 穷忙族[qióngmángzú]

新义는 열심히 일은 하는데 빈곤한 처지를 도저히 벗어날 수 없는 구조적 한계를 지닌 사람들을 가리킨다.

미국의 '워킹푸어(working-poor)'와 같으며, 이들은 월급이 있고 오랫동안 일을 하지만 고용불안, 낮은 임금 등으로 저축이 없어 형편이 나아지지 않으며, 생계를 유지하기에도 빠듯해 질병이나 실직은 바로 빈곤층으로 이어질 수 있는 취약계층이다.

窮忙族의 빈곤율은 가구주의 연령이 많을수록, 학력수준이 낮을수록 상대적으로 높게 나타나지만, 현재 번듯한 직장을 다니고 있는 사람들도 물가상승, 고령화 등의 사회문제로 스스로를 '窮忙族'라고 생각하는 상대적 빈곤자들도 늘어나고 있다. 이러한 현상이 늘어나는 것을 해결할 사회적 방안으로는 양질의 일자리를 더 많이 제공하고 현실을 고려한 복지정책과 사회보장 확대가 이루어져야 하며 특히 보건이나 교육에 대한 지원도 함께 이루어져야 한다.

비슷한 단어로는 생계를 위해 동분서주하는 집단으로 폭등하는 집값, 자동차값, 높은 의료비로 동분서주하는 젊은 세대를 지칭하는 '奔奔族'가 있다.

# R

### 人艰不拆[rénjiānbùchāi]

新義는 "인생이 이렇게도 험난한데 굳이 들쑤시지 말자"라는 뜻으로, 가수 林宥嘉의 노래 '说谎' 중의 가사 "人生已经如此的艰难, 有些事情就不要拆穿"의 줄임말이다.

人艰不拆는 누리꾼들이 타인을 곤란하게 하는 사실을 폭로한 글에 대해 타인을 힘들게 하는 것을 굳이 들추려 하지 말고 서로 포용하자라는 뜻으로 쓰인다.


任性[rènxìng]

本义는 본성대로 하다, 제멋대로 하다는 뜻이고, 新义는 자신감에서 비롯된 당당함과 거침없는 마이웨이 행보라는 뜻으로 쓰인다.

원래는 '본성대로 일을 처리해 자의적이다', '다른 사람의 눈치를 보지 않고 제멋대로다'는 부정적인 뜻으로 종종 사용되었다. 한 예로 한국의 조현아 땅콩회항사건이 전 세계적으로 이슈가 되면서 중국 뉴스 보도에서는 이를 任性으로 표현하기도 하였다. 하지만 최근 들어 긍정적인 의미로 새롭게 주목받고 있다. 중국인들은 최근 거침없이 약진하는 중국 축구 대표팀에게 "중국팀, 任性하라"고 응원하고 중국 온라인에는 너도나도 "난 任性해"라는 댓글이 줄을 이었다. 자신감에서 비롯된 당당함과 거침없는 '마이웨이' 행보를 任性으로 표현한 것이다.

중국은 19세기 중엽부터 한 세기 동안 '동아시아의 병자'로 불렸고 당시 대국의 자존심은 땅에 떨어져 任性하고 싶어도 任性할 수 없던 시절이었다. 하지만 지금은 괄목상대라는 말도 부족할 정도로 중국의 정치·경제적 위상은 높아졌고 막강한 경제력을 바탕으로 대국굴기를 외치며 국제사회에서 제 목소리를 낼 정도로 거침이 없다. 이제 중국은 任性해도 될 만큼 잘나가는 셈이다.

## 肉食女[ròushínǚ]

이성교제에 적극적인 여성을 일컫는 신조어이다. 마음에 드는 남성이 있으면 적극적으로 대시하는 여성들을 지칭하는 말로, 이들은 주로 80년대 이후에 출생한 여성으로 자유와 개성을 중요하게 생각하고 사랑 앞에 평등하다고 말한다. 마음에 드는 남자가 있으면 적극적으로 대시한다.

# S

## ~思密达[sīmìdá]

중국인들이 한국 TV나 예능을 보면 한국어 중에 "~습니다"라는 표현을 많이 듣게 된다. 이러한 조류에 힘입어 최근 중국에서는 한국어 문장 끝에 사용되는 "~습니다"라는 말을 중국어 끝에 붙이기도 하는데, "~습니다"의 음역이 바로 思密达[sīmìdá]이다.

예를 들어 "你吃过了吗?(당신은 식사를 했습니까?)"라고 물으면 "我吃过思密达"(나는 밥을 먹었어요 思密达[sīmìdá])라고 답하는 것이다.


## 素颜美人[sù yán měi rén]

新义는 말 그대로 생얼 미인이라는 뜻으로, 素颜은 민낯이라는 뜻이다.

최근 미녀 스타들의 화장 전·후 대조 사진이 빈번하게 인터넷에 게재되면서 사람들이 진정한 생얼 미인은 누구인지에 대해 관심을 갖게 되었다.

예를 들어 늘 화려한 외모와 완벽한 몸매로 인기를 끌던 한 중국 여배우의 생얼이 공개되면서 화제가 되었고, 사람들은 이를 "都是化粧化的![dōu shì hua zhuang hua de](다 화장발이야)"라고 말한다.

# SH

沙发土豆[shāfā tǔdòu]

新义는 장시간 아무것도 하지 않고 TV만 보는 사람을 가리킨다.

영어의 'Couch Potato'에 해당하며, 하루 종일 소파에 웅크려 앉아 리모컨을 잡은 채로 TV 채널만 돌리며 아무것도 하지 않고 TV만 보는 사람을 일컫는다.

중국의 TV 보급이 늘어나면서 중국에서는 과체중 어린이·청소년의 수도 함께 증가하였는데, 이들은 평소 장시간 TV를 보기 위하여 간편한 패스트푸드를 섭취하다보니 영양 불균형, 담석 등의 질환이 쉽게 나타났고 심지어는 심리적 고독감을 야기하는 등 문제점이 많았다. 이에 개선의 목소리가 높아지며 비판적으로 이 신조어를 자주 언급한다.

유사한 신조어로 하루 종일 컴퓨터에 빠져 사는 사람을 뜻하는 '电脑土豆'와 마우스 클릭만 하면서 하루를 보내는 '鼠标土豆'가 있다. 电脑는 컴퓨터를, 鼠标는 마우스를 뜻한다.

## 晒黑族[shàihēizú]

新義는 사회의 어두운 면을 폭로하는 네티즌을 칭하며, 중국 누리
꾼의 힘이 갈수록 커지면서 생겨난 신조어이다.

중국 정부는 체제 유지를 위하여 누리꾼의 힘을 약화시키기 위하
여 "IP통제", "개인 PC에 접속 로그 프로그램 설치", "개인 도메인
사용금지" 등 여러 가지 정책을 내놓고 있으나, 시대적인 대세는 바
꾸기 어렵다.

각종 사회문제 및 공무원의 불법 부당행위나 부정 수뢰 등이 인터
넷 폭로에 의하여 사회 문제화되는 양상이 갈수록 늘어나고 있다.


## 闪离[shǎnlí]

新义는 결혼한 지 얼마 안돼서 이혼하는 상황을 일컫는다. 앞의
신조어 闪婚처럼 현대 중국의 젊은이들은 사귄지 얼마 되지도 않아
성급하게 결혼을 하는데, 이러한 결혼은 결국 결혼한지 얼마 안되어
곧바로 이혼하는 闪离로 이어지고 있다.

## 食草男[shícǎonán]

新義는 성격이 초식 동물처럼 순하고 혼자 있기를 즐기며 자신의 취미생활에는 적극적이지만 연애와 결혼에는 매우 소극적인 20~30대의 젊은 남자들을 지칭하는 말이다.

이전 세대의 중국 남성들은 '열심히 하면 얻을 수 있다'라는 생각이 컸지만, 요즘 세대의 남성들은 이와는 조금 달라서 자신의 노력으로 안 되는 것이 있다고 생각한다. 왜냐하면 지난 20년 동안 중국의 집값 등을 포함한 전반적인 물가가 하늘로 치솟고 있으며, 막 직장을 가진 남성들은 차를 사야 되고 집을 사야 되므로 스트레스가 적지 않다. 게다가 결혼을 하기 위해서도 경제력이 필요하므로 부담이 크다고 한다. 그러다보니 자신만을 챙기고, 자신에게만 투자하며 자신만의 행복을 위해서 사는 것이 더 좋은 삶이라는 생각을 하는 경우가 많아지고 있다고 한다.

## 十动然拒[shídòngránjù]

新义는 상대방을 크게 감동시켰지만 거절당했다는 뜻으로, 이성에게 구애하다가 거절당한 후 스스로를 비웃는 심정을 나타낸다. 이 신조어는 "十分感动, 然后拒绝了他/她[shífēn gǎndòng, ránhòu jùjué le tā]"의 줄임말로, 해석하면 "매우 감동받았지만 그 또는 그녀의 성의를 거절했다"라는 뜻이다. 사랑을 고백하기 위해 상당한 시간과 정성을 들여 성의를 표했지만, 상대는 크게 감동만 받았을 뿐 결국엔 매몰차게 차버리는 상황을 비유한 것이다.

十动然拒의 유래는 11월 11일(우리의 빼빼로데이가 중국에서는 솔로데이이다)에 중국의 한 대학교에서 어떤 남학생이 짝사랑하던 여학생에게 고백을 했다가 거절당한 사건으로 생겨난 신조어로 그 남학생은 사랑을 고백하기 위해 212일을 들여서 16만여 자의 편지를 썼는데, 그 연애편지는 산문, 시가 등의 문체로 쓰였고, 내용은 두 사람의 추억을 회상하는 내용이었다고 한다. 엄청난 정성을 들인 편지를 완성한 남학생은 <내가 네 곁을 지켜줄게>라는 제목을 정해 짝사랑하던 여학생에게 편지를 전했지만 여학생은 크게 감동받았을 뿐 고백은 거절한 것으로 밝혀졌다. 이 안타까운 사연이 중국 각종 매체를 통해 소개되면서 '十动然拒'란 신조어가 생겨났다고 한다.


### 试婚[shì hūn]

新义는 '살아보고 결혼 한다'라는 뜻이다.

중국 도시의 젊은이들 사이에 유행처럼 번지고 있는 문화로, 이는 결혼을 목적으로 하는 동거를 말하는 것이며 급격한 서구문화의 유입으로 젊은이들의 성 의식 개방 이후 생겨난 신조어이다.

우리나라에서는 아직 동거하는 것을 좋지 않게 보지만 중국에서는 흔히 있는 일이되어 버렸으며 대수롭지 않은 것으로 생각하는 경향이 있다. 이는 80后 세대를 대상으로 한 조사에서 45퍼센트가 결혼 전 동거를 한 경험이 있다고 말하는 대목에서 알 수 있다.

이렇게 동거가 대수롭지 않게 되면서 결혼 전 试婚을 찬성하는 사람이 늘고 있다. 试婚을 찬성하는 사람들은 试婚을 거쳐 결혼을 하면 모르는 사람과 결혼하는 것에 비하여 이혼의 위험성을 줄일 수 있고 이혼에 따른 자녀문제 등 여러 가지 문제를 피할 수 있다고 주장하지만, 선 임신, 후 결혼 현상을 일으키는 주요한 원인으로도 대두되고 있다. 현재 중국에서는 일부 대학교 캠퍼스 내에 피임도구 자판기를 설치하고, 또한 결혼 등기를 하러온 여자가 대부분 배가 부른 상태이거나 만삭의 몸을 이끌고 오는 경우가 많다고 한다.

최근 우리나라도 혼전임신으로 결혼하는 사례가 증가하고 있는데, 试婚이라는 신조어를 통해서 중국의 연애와 결혼에 대한 가치관이 자유로워 진 것을 볼 수 있다.

## 十面霾伏[shímiànmáifú]

本义는 도처에 적이 있어 피할 곳이 없다는 뜻이고, 新义는 사방이 온통 스모그로 둘러 쌓였음을 가리킨다.

즉, 十面霾伏는 스모그가 짙어 사면이 보이지 않고 공기오염이 심각한 상태를 말하는데, 위험이 곳곳에 잠복해 있다는 뜻의 사자성어

'십면매복(十面埋伏)'에서 '埋'를 동음이의어인 '스모그'란 뜻의 '霾'로 교체한 것이다.

현재 중국은 十面霾伏라는 말이 널리 퍼질 정도로 스모그가 극성을 부리며 국민 건강을 위협하고 있고, 스모그뿐 아니라 물과 토양오염도 심각한 상태여서 환경 문제가 국가의 미래를 좌우할 주요 사안으로 떠올랐다.


## 手机手[shǒujīshǒu]

新义는 휴대폰 문자메시지의 과도한 사용으로 야기된 엄지손가락의 통증을 가리키며, 의학적으로는 엄지건초염이다.

이른바 '엄지족'이라 불리는 사람들이 엄지를 주로 사용하여 휴대폰을 장시간 사용하다보니 이 증상이 나타나는 사람이 많다고 하며, 특히 안부문자가 폭주하는 춘절 연휴에 이 증상으로 병원을 찾는 사람들이 대단히 많다고 한다.

# T

## 她经济[tājīngjì]

新義는 여성의 사회·경제적 지위상승으로 생성된 특이한 경제현상을 뜻한다. '여성경제'라는 뜻으로 여성의 소비가 점점 많아지고 경제를 움직이는 효과가 명확하게 나타나고 있어 이 신조어가 나왔다. 상하이의 한 컨설팅회사의 조사 결과, 주택 구입자의 남녀 성비가 58 대 42로 나타났고, 이들 여성 중 3분의 1은 독신이었다. 베이징의 운전자 중 25퍼센트가 여성이며, 온라인게임 이용자는 55퍼센트가 여성으로 조사됐다. 이처럼 6억 2,000만 명에 달하는 중국의 여성이 소비의 주류로 부상하고 있는 것을 지칭하는 신조어이다.

## 淘宝族[táo bǎo zú]

이 신조어는 중국 온라인 쇼핑매체인 淘宝[táobǎo]와 族[zú]을 결합한 것으로, '淘宝'에서 생활에 필요한 모든 것을 얻을 수 있다고 맹신하고, 모든 것을 '淘宝'에서 구입하는 사람을 말한다. 최근 인터넷 보급 확대로 중국의 최대 온라인 쇼핑몰인 '淘宝'에서 쇼핑을 즐기는 소비층이 증가했다. 이러한 중국의 새로운 소비 유형은 인터넷 보급

률과 함께 신속함과 편리함을 추구하는 소비 계층이 증가하였음을 나타낸다.

참고로 중국의 인터넷 보급률은 2006년 10.5퍼센트에서 2012년에는 42.1퍼센트로 크게 늘었으며 인터넷 사용자수도 2012년 5억6,400만 명으로 2006년보다 3배 늘었다. 이에 따라 인터넷 쇼핑 시장 규모도 2007년 520억 위안에서 2012년 1조3,205억 위안으로 크게 늘었으며 2015년에는 2조5,680억 위안에 이르렀다.


## 提笔忘字[tí bǐ wàng zì]

新义는 펜을 들긴 들었는데 어떻게 쓰는지 글자가 생각나지 않는 현상을 가리키거나 혹은 너무 화가 나서 아무 말도 생각나지 않는 경우에 사용하기도 한다.

CCTV의 한 프로그램에서 '한자받아쓰기 대회'를 개최했는데. 쉬운 한자조차 못 쓰는 사람이 수두룩하다고 홍콩신문이 보도하여 큰 이슈가 되었다.

원인은 디지털 시대로 전환하면서 한자를 주로 컴퓨터 자판이나 스마트폰 자판으로만 입력하다보니 중국인들의 한자쓰기 능력이 떨어지고 있기 때문이다.

그 프로그램 중 방청객 중 무작위로 뽑아 '두껍다'라는 뜻의 '厚[hòu]'를 쓰게 했는데 절반밖에 쓰지 못했다고 하며, 좀 더 어려운

'두꺼비'라는 뜻의 '蟾[chán]'을 쓰게 했더니 30퍼센트만 제대로 썼다고 한다.


## 铁帽子王[tiěmàoziwáng]

本义는 강철같은 특권을 세습받은 권력자 혹은 세습 특권층을 뜻하나, 新义는 거물급 부패관리를 가리킨다.

铁帽子王은 본래 청나라때 세습되던 특수한 12개의 작위를 말한다. 청나라 황제의 아들이나 황제의 형제의 아들은 아버지의 작위보다 한 등급 낮은 작위를 받게 되어있었다. 그러나 12개의 铁帽子王은 일반 작위와 달리 영원히 계승된 작위로, 铁帽子王에 책봉되면 매년 1만 냥의 은과 쌀 500섬을 받는 특권을 자자손손 물려줄 수 있었다. 청나라 268년 동안 铁帽子王은 초대 황제 누르하치의 둘째 아들 예친왕부터 건륭제의 증손 경친왕까지 열두 가문에 불과했다.

최근 이 단어가 다시 떠오른 것은 呂新華 정협 대변인이 양회 개막 직전 일에 기자회견에서 "현재 그물에 걸린 호랑이(부패한 고위층)이 있느냐"는 질문에 대해 "조사와 처분을 받지 않는 铁帽子王은 없다"고 말하면서 유행하기 시작했고, 본래의 단순 세습특권층이란 뜻에서 거물급 부패관리를 지칭하는 단어로 변모하였다.

그 후 이 신조어는 중국 인터넷 포털 사이트인 바이두에서만 17만 회 이상 조회되었는데, 이것은 중국인들의 반부패에 대한 관심도가 높아짐을 반영한다고 볼 수 있다.


## 铁骑大军[tiěqídàjūn]

新义는 오토바이 대군, 즉 춘절에 오토바이를 타고 집에 돌아가는 사람들을 가리킨다. 1990년대 당시 광서, 귀주 출신의 수많은 노동자들이 주강 삼각지역에 모여 일하며 오토바이도 샀는데, 춘절 연휴가 되어 귀향하려 했지만 표를 구하지 못 하였고, 이에 직접 오토바이를 타고 귀향하면서부터 이 신조어가 생성되었다고 한다.

그 후, 이 오토바이 대군은 그 무리가 점차 확대되었고, 2008년 춘절 연휴에는 대중매체의 관심을 끌어드렸다고 한다.

이에 지역정부는 잇따라 오토바이 대군이 지나가는 국도변에 휴게소를 설치하고, 무료로 음식과 음료 서비스를 제공해주며, 심지어 경찰차를 동원하여 오토바이 대군을 위한 길을 내어 주기도 하였다.

2015년 광동에서는 60만을 초과하는 노동자들이 오토바이를 타고 귀향했으며 주강삼각지역은 이미 오토바이 대군의 주축이 되었다고 한다.

이들 오토바이 대군 중에는 귀향 기차표를 구하지 못한 사람들 외에 교통비 절감을 위해서 오토바이도 귀향하는 사람들도 포함된다.

## 土豪[tǔháo]

本义는 토호, 지방호족 등의 의미이나 新义는 졸부 혹은 교양과 지식이 없는 벼락부자를 가리킨다.

모택동 집권 시기에 土豪는 공산당의 비난을 받는 악덕지주 내지 악덕관리를 뜻하는 말로 쓰이다가 최근 온라인 게임에서 노력과 시간을 들여 아이템을 획득하는 대신에 돈을 내고 아이템을 손쉽게 사들이는 사람들이 생기면서 이러한 이들을 지칭하는 말로 쓰이면서 그 의미가 조금씩 변하여 현재는 돈은 많으나 교양이 없고 품위가 낮은 부자 혹은 노력을 많이 들이지 않고 갑자기 부자가 된 벼락부자라는 의미의 신조어가 되었다.

이는 중국의 빠른 경제발전과 관련이 있는데 급속한 경제발전으로 중국인들은 빠른 시간에 많은 부를 축적하게 되었으나 빠른 물질적 발전에 걸맞은 정신적 성숙이 뒤따라가지 못해 이러한 신조어가 생성된 것이다. 또한 중국 베이징대학 사회과학조사연구센터는 "중국의 1퍼센트 가정이 전국 자산의 3분의 1을 보유하고 있다"는 연구 결과를 발표했는데 이처럼 빈부격차가 심화하면서 요즘 중국에서는 세태를 비판하는 이러하나 신조어가 유행하고 있다.

## 土鳖[tǔbiē]

本义는 토종 거북 혹은 자라 新义는 국내에서 교육받은 순수국내 파를 가리킨다.

즉, 海龟 혹은 海歸라는 신조어는 '바다거북' 또는 '바다에서 돌아 오는 사람'이라는 뜻으로 해외유학파를 가리키는 말이다. 이러한 海 龟 즉 바다거북과 대조되는 의미를 부여하기 위해 생성된 신조어가 土鳖, 즉 토종 자라이다

중국 경제가 세계시장으로 넓혀가면서 해외유학파가 크게 늘어났 는데 이와 반대의 의미로 순수 국내파를 土鳖라고 부른다.

1990년대, 중국 정부가 해외로 나간 중국 유학생들을 국내로 다시 유치하기 위해 그들을 위한 여러 정책들을 만들었는데, 국내파에 비 해 엄청난 혜택을 부여함에도 불구하고 성과가 그렇게 크지 않아, 국 내파들의 불만이 쌓여 가고 있던 도중, 2003년 베이징대학 개혁 문제 가 수면위로 떠올랐을 때 海龟와 土鳖들의 의견 충돌이 발생하였다. 개혁안에 찬성하는 입장은 주로 서구식 교육을 받은 海龟파 교수들로 오랫동안 지체된 중국의 대학교육을 이끄는 첫걸음이라 여기고 환영 했다. 그러나 개혁안을 비판하는 사람들은 국내에서 교육받은 土鳖파 인문학 교수들로 海龟파 교수들의 개혁안을 미국식의 제도를 베끼며 향후 1000년 동안 미국 대학의 예비 학교가 될 것이며 국내파 출신의 베이징대학 교수들을 몰아내기 위한 행위라며 비난했다. 이렇듯 대학 개혁 문제는 한동안 중국 지식계를 발칵 뒤집어 놓은 매우 중요하고

민감한 사안이었다.

역시 빠른 경제발전과 이에 따른 급속한 사회변화가 가져온 부조화스러운 '부산물'이라고 할 수 있겠다.

### 脱网一族[tuōwǎngyìzú]

新義는 오프라인 족으로, 인터넷이 생활에 끼친 부정적인 영향으로 인하여, 가능한 한 인터넷을 하지 않는 생활을 하게 된 사람들을 일컫는다.

최근 중국에서도 인터넷에 중독된 사람들이 많아졌고, 이러한 사회현상에 반대하며 인터넷 사용을 꺼리는 사람들이 생겨나면서 생성된 신조어이다.

# W

### 哇塞[wāsài]

우리나라에서는 놀라거나 큰 일이 발생했을 때 '대박'이라는 신조어를 많이 사용한다. 중국어로 '대박'은 '哇塞'로 표현하면 된다. 이 신조어는 현재 중국 인터넷 유행어 중 하나이며 우리와 마찬가지로 놀람과 감탄을 나타낼 때 사용된다.

哇塞는 21세기 초부터 유행하기 시작하였으나, 사실 이 단어는 대만의 민남방언에서 유행하던 욕설이었다. 즉 민남방언에서 哇는 일인칭대명사인 '나'라는 뜻이고, 塞는 성행위를 나타내는 하나의 동사다. 하지만 대만의 影視传媒(영화와 텔레비전의 공개 중매)를 통해 전파되면서 이후 중국에서도 影視明星(영화와 텔레비전의 스타들)이 원래의 의미도 모른채 '대박'이란 의미로 자주 사용하면서 유행하기 시작하였다.


## 万金油[wànjīnyóu]

本义는 두통·화상·벌레 물린 데 등에 효과가 있는 연고를 뜻하였으나, 新义는 여러 방면에 능한 팔방미인 혹은 박학다식한 사람을 지칭한다.

그러나 万金油는 다방면에 지식이 있지만 그 깊이가 깊지 못하고 얕게 여러 가지를 알고 있는 사람 혹은 또는 하나의 일을 제대로 통달하지 못하여 그 일을 제대로 감당할 수 없는 사람이라는 부정적인 의미를 갖기도 한다.

## 网虫[wǎngchóng]

그물과 벌레라는 단어가 합쳐진 신조어이다. 本義는 그물벌레, 즉 거미를 뜻하는 단어지만 인터넷을 뜻하는 网과 하루 종일 시간을 보내는 사람을 벌레, 즉 虫에 비유하여 최근 인터넷 상에서 하루 종일 시간을 보내는 인터넷 중독자를 나타내는 신조어로 변화되었다. 이와 유사한 의미로 网购奴[wǎnggòunú]이 있는데, 이 신조어는 매일 컴퓨터를 지키며, 온라인 구매로 피로를 느끼는 사람들을 가리킨다.

## 网络水军[wǎngluòshuǐjūn]

新义는 기업이나 연예인들이 누리꾼을 고용하여 인터넷 게시판, 블로그, 그리고 BBS 등에서 자신에게 유리한 문자와 댓글을 올려 자신의 이미지를 홍보하는데, 여기서 고용된 누리꾼을 가리킨다.

## 围脖儿[wéibór]

本义는 목도리이며, 新义는 마이크로블로그(MicroBlog), 즉 블로그 서비스의 한 종류인 微波를 지칭한다. 짧은 문구를 통하여 소식을 전달하며, 실시간으로 업데이트가 된다.

'목도리'라는 의미의 围脖儿의 발음이 중국판 트위터인 '微波(웨이보: 작은 블로그)'와 비슷하여 微波를 围脖儿라고 쓰기도 한다.

微波는 2009년부터 사용되기 시작하여 중국에서는 트위터만큼 유명하다.

微波는 영어 'wave'에서 따왔으며, 발음도 유사하고 "정보가 물결처럼 널리 퍼져 나간다"의 뜻이 담겨있다.


### 微博体[wēibótǐ]

新义는 '소형의 불로그 문장 문체'라는 뜻이다. 문장의 편폭이 140 글자 정도 밖에 안 되는 짧은 문체를 말하는데 주로 서술문과 감정을 표현하는 산문 형식이다.

이 신조어는 인터넷이 발전하면서 새로 생성된 것으로, 요즘 생활의 리듬이 빨라질수록 인터넷 하는 사람들이 자기 불로그에서 긴 문장 대신 아주 짧은 문장을 쓰는데, 독자들이 길고 지치기 쉬운 긴 문장보다 간편하고 짧은 이런 微博 문장을 좋아하기 때문에 유행하고 있다.

微博가 대중화 되면서 微博 문체는 微博体라고 부르기 시작하였는데 중국의 고대 문학작품을 보면 많은 고대 문학작품들이 微博体의 특징을 가지고 있다고 할 수가 있다. 예를 들어, '论语'의 문장들은 微博처럼 편폭이 짧고 내용이 풍부하기 때문에 '论语'는 微博体라고 할 수 있다.


## 微电影[wēidiànyǐng]

新义는 단편 영화라는 뜻으로 微喜剧(아주 짧은 단편 희극)과 마찬가지로 영화계에도 微电影이 나타났다. 일반 영화와 똑같이 찍지만 영화 시간이 아주 짧아서, 微电影는 주로 300초 이내에 끝난다. 微电影에서 '微'의 특징은 투자가 아주 적고 제작 과정도 아주 짧다는 것을 나타내기도 한다.

이 신조어의 유래는 처음에 몇 명의 젊은 누리꾼들이 스마트폰 등을 통해 한 단편 스토리를 찍었는데 이 단편 스토리를 간단하게 제작을 하여 영화로 만들었고, 이 영화를 인터넷에 올려 인기가 폭발한 데에서 비롯되었다. 이후 300초 안으로 끝나는 단편 영화가 많이 나타났는데, 이처럼 짧지만 잘 찍은 영화를 微电影이라고 한다.


## 微信红包[wēixìnhóngbāo]

新义는 2014년 설 연휴에 웨이신을 통하여 시작된 세뱃돈 주고받기 서비스를 가리킨다. 즉, 지인 간에 세뱃돈을 지급하는 문화가 IT업계 핀테크 영역으로 확장되면서 생성된 신조어이다.

춘절 연휴 기간 동안 실행된 이 기능의 파급력은 중국의 춘절 문화를 바꿔놓을 만큼 파장력이 컸다. 사용방법은 웨이신에서 홍바오 계정을 팔로우하고 보낼 봉투의 개수와 개당 보낼 금액을 입력한 뒤 쓰고 싶은 축하 문구와 함께 웨이신 친구에게 세뱃돈을 송금하면 된다. 수량은 제한이 없으나 개별 금액은 최대 200위안으로 제한이 되어있으며, 만일 한 사람한테 더 큰 금액을 보내고자 할 때에는 여러 번 보내면 된다.

微信红包는 2018년 설 연휴에도 크게 인기를 끌었고 거대 IT 기업들이 홍바오 격전을 펼쳐 모바일 결재 시장을 더욱 확대 시킬 것으로 예측하고 있다.

스마트 시대에 부합하고 지리적으로 멀리 있는 지인과 친척들에게도 홍빠오를 보내고자하는 바쁜 현대인의 실정에 맞고 필요했던 서비스이므로 당분간 이 신조어는 계속 사용될 것으로 보인다.


微新闻[wēixīnwén]

新义는 아주 짧은 기사문의 줄임말을 가리키며, 微博体新闻이라고도 한다. Web 2.0 기술이 개발된 후 나타난 인터넷 기사문 형식으로 微博처럼 140글자 안으로 기사문 한 편을 등재하는 형식이다. 편폭이 짧지만 사건의 시간, 장소, 경유, 원인, 결론 등이 다 기재되기 때문에 누리꾼들은 짧은 시간에 쉽게 微新闻을 읽을 수 있다.

**蝸居[wō jū]**

本義는 '달팽이집'이지만 新義는 '작고 초라한 서민들의 집'을 가리킨다. 즉 蝸居는 2009년 중국에서 상당한 열풍을 일으킨 〈蝸居〉라는 드라마에서 유래되었는데, 천정부지로 치솟는 주택가격으로 인해 자기 집 마련에 힘들어하는 서민들의 실상을 현실적으로 그려내어 상당한 사회적 반향을 일으켰다. 이 드라마의 열풍을 타고 '蝸居가 '달팽이집'처럼 작고 초라한 서민들의 집을 뜻하는 의미로 크게 유행하게 되었다.


**555~ 五五五[wǔwǔwǔ]**

新義는 '흑흑', '엉엉' 정도의 우는 모습을 나타내는 의성어로 대화를 할 때에 쓰이진 않고 주로 문자나 인터넷상에서 많이 쓰는 표현이다. 우리나라 인터넷용어인 'ㅠㅠ'와 비슷한 표현으로 탄식하다라는 뜻의 嗚[wū]와 발음이 유사하여 자주 사용하는 신조어이다.

# X

### 下班沉默症[xiàbānchénmòzhèng]

新义는 직장에 다니는 사람 중에서 직장에서는 말을 많이 하지만 퇴근 후에는 말이 없어지는 사람을 가리킨다.

2012년 8월, 중국 青年新聞에서는 2,750명을 대상으로 퇴근 후에 집에 말을 많이 하는가 여부에 대해서 조사를 하였는데, 무려 83.1퍼센트의 직장인들이 下班沉默症에 걸린 것으로 통계되었다. 이같은 신조어가 생성된 유래를 살펴보면, 이들은 대부분 직장에서의 스트레스가 많아서 몸과 마음이 다 피곤하고 정신이 없고, 항상 모르는 고객에게 친절해야 하므로, 오히려 집에 와서는 친숙한 가족에게 화를 내거나 말을 하지 않는다. 또한 하루 종일 복잡한 상황에 처해 있다가 집에 돌아오면 조용히 쉬는 것만을 추구한다.

### 小官巨腐[xiǎoguānjùfǔ]

新義는 직급은 낮아도 부패의 규모가 엄청나다는 의미로 쓰인다. 시진핑(習近平)주석 취임 후 반부패척결운동으로 최근 중국의 몇몇 간부들의 부패가 드러나 사회적 파문을 빚고 있는 와중에 여러 사건들이 발생하였는데, 그중 한 사건을 예로 들자면 2014년 11월 허베이(河北)성 기율감찰기관은 친황다오(秦皇島)시 베이다이허(北戴河)구의 수돗물공급 총공사인 馬超群의 집에서 황금 37킬로그램, 현금 1억 2,000만 위안(약 214억원), 그리고 68채의 부동산 서류를 발견했다. 이같은 사건은 보도되면서 중국인들은 그에게 '호랑이파리(虎蠅)'라는 별명을 지어주기도 했다. 이처럼 아주 높은 관직이 아님에도 저지른 부패의 정도가 매우 심한 경우에 이 신조어를 사용한다.

더불어 공무원에 대한 시진핑 정부의 감찰이 강화되면서 철밥통으로 여겨지던 중국의 공무원의 인기가 다소 떨어지고 있다. 즉 2015년 중국 공무원 선발시험의 경쟁률 및 지원자가 최근 5년 만 중에서 최저 수준을 기록했다. 중국의 공무원은 월급은 많지 않지만 공금을 마음대로 사용하고, 출장을 핑계로 해외여행도 자유롭게 다니며 정년까지 보장되어 인기가 많았지만 시진핑 정부의 반부패 척결운동으로 인해 그 인기가 떨어지고 있다.


## 小蜜[xiǎomì]

小는 중국어 호칭에서 자주 쓰이는 애칭이며 蜜는 영어 miss를 음역한 것을 줄인 말이다. 이 신조어는 기업의 사장이나 높은 관료의 비서 겸 애인을 가리키는 말로, 비서의 원래 단어인 秘书에서 秘와 蜜는 발음이 유사하지만 '비밀'이란 딱딱한 이미지를 '꿀'처럼 '달콤하다'

는 뜻으로 글자를 바꾸어 표현한 것이다.

개혁개방이후 중국에 부자들이 많이 생겨나면서 기업의 사장들은 자신의 비서를 주로 젊은 여성들을 고용하였고, 과시용으로 그 비서를 애인으로 삼기 시작했다.

1990년대 이후 부자들이 예쁘고 젊고 학식도 있는 小蜜와 함께 공개적 장소에 나타나는 현상이 보편화되었고, 일부 부자들은 小蜜를 자주 바꿈으로써 자신의 능력을 과시하기도 하였다.

이들 사장들은 대부분 아내가 있으며 "안에는 아내가 있고 밖에는 애인이 있다"라는 것을 마치 자랑처럼 여기곤 했다.

지난 몇 년간 중국의 고위급 관료들의 부패사건들의 공통점을 보면 그 부패 관리들이 하나같이 小蜜를 끼고 있었다는 점이다. 그러나 중국의 경제가 점차 투명해지고 기업이나 고위 공무원의 윤리규범이 공고해짐에 따라 이러한 현상은 차츰 감소하고 있다.


小鮮肉[xiǎoxiānròu]

우리말에도 '베이글녀'라는 신조어가 있는데, 중국어의 小鮮肉는 '베이글녀'의 남성 버전으로 '베이글남' 정도로 이해할 수 있다. 즉 '몸짱'이라는 의미로 중국에서도 몸짱이 유행하기 시작하면서 이 신조어가 생성되었고, 주로 잘생기고 몸이 좋은 젊은 남성을 지칭한다.

이와 유사한 신조어로 '老鮮肉'가 있는데, 이 신조어는 비록 나이는 많지만 방부제를 먹은 듯 젊어 보이고 근육도 젊은이 못지않은 남성을 가리킨다.

## 心塞[xīnsè/xīnsāi]

新义는 마음이 아프다, 마음이 답답하다라는 뜻으로, 심근경색(心肌梗塞)이란 단어를 줄여서 만들어졌다.

마음이 답답하거나 힘든 것을 나타내기도 하고, 일이 뜻대로 되지 않아 마음이 불편하거나, 어떤 일에 대해 어이가 없어 할 말을 잃었을 때, 그리고 어떤 일에 대한 방법을 찾지 못해서 답답한 것을 나타낼 때 주로 사용한다.

처음에는 주로 인터넷 용어로 쓰였으나, 최근에는 신문기사에서도 자주 보이는 단어로 감탄사로도 많이 사용된다.

## 秀恩爱[xiùēn'ài]

新义는 연인이 서로의 사랑을 표현하다, 뽐내다 등으로 쓰인다.

즉, 秀恩爱는 중국의 부부 혹은 연인들이 자신들의 애정을 남들에게 과시하는 행위로, 주로 칠월칠석에 인증샷을 올리는 방법 등으로 남들에게 자신들의 사랑을 과시하곤 한다. 이러한 인증샷은 곳곳에서 찾아볼 수 있으며, '염장질'이라는 의미에 더 가깝게 쓰여 부정적인 의미를 내포한다.

예를 들어 중국의 드라마 <何以笙箫默>에서는 "就三天两头跟我秀恩爱", 즉 "툭하면 나한테 염장질이야"라는 대사가 자주 등장하곤 하였다.

### 炫食族[xuànshízú]

新义는 '有饭前拍照习惯的年轻人', 즉 음식 앞에서 사진을 찍는 습관을 갖고 있는 젊은이들을 가리킨다. 우리 나라에서도 많은 젊은 이들이 식당에서 음식이 나오면 인증샷 먼저 찍는 경우가 많은데, 이러한 젊은이들을 지칭하는 신조어이다.

중국에서도 주문한 음식이 나온 후, 먹기 전에 음식 사진을 찍어 SNS에 올리는 炫食族이 많은데, 주로 '음식자랑질족' 등의 의미로 쓰여 다소 부정적인 의미를 담고 있다.

### 选择综合症[xuǎnzézōnghézhèng]

우리나라 말로 선택장애, 햄릿증후군[12]이라고 합니다.

---

12 햄릿증후군이라는 말은 셰익스피어의 4대 비극 중 하나인 '햄릿'에서 햄릿왕자가 "죽느냐 사느냐 그것이 문제로다"라는 말과 우유부단한 그의 성격에서 유래되었다.

햄릿증후군이라는 말은 세익스피어의 4대 비극 중 하나인 『햄릿』에서 햄릿왕자가 "죽느냐 사느냐 그것이 문제로다"라는 말과 우유부단한 그의 성격에서 유래되었으며, 어떠한 것을 고르고 결정함에 있어 어려움을 느끼는 사람들을 말합니다.

자기만의 기준이 없어 주위 사람들의 말에 쉽게 흔들리며, 부모에게 지나치게 의존하기도 합니다.


## 选择综合症[xuǎn zé zōng hé zhèng]

新義는 선택의 순간에서 어느 한쪽을 정하지 못하고 괴로워하는 심리상태를 지칭하는 것으로 비슷한 우리의 신조어로 '선택(결정) 장애', '선택(결정) 고자', '햄릿증후군' 등과 의미가 유사하다.

뭐 먹을까? 어디를 갈까? 어떤 영화를 볼까? 등 음식 메뉴에서부터 진로, 수억 원을 움직이는 업무까지 그 무게는 다르지만 삶은 결정과 선택의 연속이다. 네트워크의 발달은 너무 많은 정보를 공유하게 했고 1초 사이에도 셀 수 없이 쏟아져 선택의 폭이 넓어졌기 때문에 어떤 것을 고르고 어떤 것을 버려야 할지 선택하지 못하는 증상이 생겨났다.

또한 중국에서는 산아제한 정책으로 지나치게 의존적으로 키워져서 선택을 고민할 필요 없다가 성인이 되어 이 증상을 가지게 된 사람들도 많다. 이를 겪는 사람들은 고민하는 수준을 넘어 선택해야 하는 상황에서 괴로움을 호소하고, 이는 현대인들의 스트레스 중 하나로 꼽힌다.

최근 중국에서는 이같은 증상을 앓고 있는 현대인을 위해 '큐레이션 쇼핑몰'이 새로운 트렌드가 되고 있다. 이는 소비자가 좋은 상품을 선택하는 것이 아니라 전문가가 개인의 취향이나 구매력을 감안해 적절한 상품을 추천하는 것이다. 많은 업종에서 이미 '큐레이션 서비스'가 시작되었고, 관련 산업이 급성장하고 있다.

또한 상품 뿐만 아니라 꼭 필요한 정보만을 모아주는 '콘텐츠 큐레이션'도 주목을 받는다.

## 学区房[xuéqūfáng]

学区房은 중국 대도시 명문학교 인근에 위치한 집으로 학교 배정에 거주자 우선원칙을 적용하는 중국 정부의 정책과 부모들의 뜨거운 교육열로 중국 부동산 시장에서 생겨난 신조어이다.

북경과 같은 대도시에서는 이 学区房이 최고의 주택으로 떠오르면서 집값이 계속 상승함에도 불구하고 무리하여 집을 구매하고 심지어 화장실 없는 집까지 고가에 거래하기도 한다. 이러한 부모들은 아이를 명문학교에 보낼 수만 있다면 생활 조건이 떨어지더라도 얼마든지 참을 수 있다고 말했다.

이는 중국이 전국적으로 학업성취도에 따라 학교의 랭킹을 매기고 있고 이는 일부 상위학교로만 설비와 우수교사가 집중되는 현상을 낳아 학교 간 수준차를 더욱 야기시켰다.

学区房의 가격상승은 베이징이나 상하이 같은 대도시 뿐 아니라 명문학교가 있는 중소도시에서도 뚜렷이 나타나고 있다.

# Y

## 颜值[yánzhí]

新義는 얼굴이나 색상을 뜻하는 '颜'과 수치를 뜻하는 '值'가 합해져서 사람의 외모를 평가하는 수치를 뜻한다. 예를 들어 颜值高라고 하면 '잘생겼다 혹은 예쁘다'라는 의미를 나타내고 반대로 颜值低라고 하면 '못생겼다'는 뜻을 나타낸다.

최근 중국의 대도시에 거주하는 젊은이들 사이에서 만연하고 있는 외모지상주의를 반영하는 신조어이다.

友尽[yǒujìn]

新義는 '친구사이를 그만두다'라는 의미로, 절교라는 뜻의 인터넷 용어이다. 일본어의 친구라는 뜻인 ゆうじん을 음역하여 友尽이 되었다.

주로 인터넷 게임에서 많이 쓰였으나 지금은 인터넷 상 용어로도 자주 쓰이고 있다. 일반적으로 친한 친구사이에 농담조로 많이 사용되며, 만일 농담조가 아니라 심각하게 말하면 정말 친구사이가 악화되었을 때 절교하겠다는 의미로 사용되기도 한다.


月欠族[yuèqiànzú]

新义는 한 달이 채 지나기도 전에 월급이나 용돈을 모두 소진하고 부모에게 손을 벌리는 일부 젊은 사람들을 지칭한다.

月欠族는 '달'이라는 뜻의 月[yuè]와 '빚지다'라는 뜻의 欠[qiàn]을 합친 신조어로 버는 족족 다 쓰고 부모에게 손 벌리는 사람들을 뜻한다. 이들은 주로 80~90년대에 태어난 젊은 층이 주를 이루고 있는데, 급속한 경제성장을 이룬 중국에서 80~90년대에 태어난 젊은 층들이 돈에 대한 인식이 가벼워지면서 '즐기기' 소비가 점점 증가하였고, 이러한 소비습관이 현대 중국사회의 문제로 대두되면서 이러한 月欠族이란 신조어도 생성되었다.

# Z

## 自取其乳[zìqǔqírǔ]

新义는 '굴욕을 자초하다'라는 성어에서 '辱(rǔ, 치욕)'이란 글자를 발음이 똑같은 '乳(rǔ, 우유)'로 바꾸어 '스스로 우유를 얻다'라는 뜻으로 쓰인다.

이 신조어의 유래는 2008년 三鹿기업이 생산하는 분유를 먹고 영아가 신장결석에 걸렸는데, 원인을 조사해 보니 이 분유에서 공업용 원료인 멜라민 성분이 검출되었다. 이에 분유의 안전에 대한 우려의 목소리가 점점 높아지자 중국 정부는 중국 내에서 생산되는 모든 분유에 대해 대대적인 검사를 펼쳤고 중국 최대 분유 브랜드를 포함한 22개 기업, 69종류의 제품에서 모두 멜라민 성분이 검출되었다.

이러한 '독분유' 사건 이후, 중국의 산모들을 중심으로 분유 대신 모유를 직접 짜서 먹이자는 운동이 일어나면서 만들어진 신조어이다.


## 走婚族[zǒuhūnzú]

新义는 결혼은 했지만 함께 사는 것이 아니라 평소에는 부부가 각기 따로 살다가 명절이나 주말에만 같이 시간을 부부를 일컫는다.

走婚은 결혼을 하지 않고 각자의 집에서 왕래를 하며 연애를 하다가 만약 임신을 하면 여성 혼자 아이를 낳아 키우는 소수민족의 결혼 풍습에서 유래된 신조어이다.

처음 이 신조어가 나왔을 때는 부부의 직장이 너무 멀어서 어쩔 수 없이 떨어져 살아야 하는 상황을 가리키거나 혹은 생활형편이 어려워 같이 살 집을 구하지 못하는 부부를 가리키기도 했다. 최근에는 사생활을 중요시 여기는 중국의 젊은 사람들이 많아지면서 의도적으로 자신의 사생활을 즐기기 위하여 평소에는 따로 떨어져 지내는 부부를 가리키기도 한다.

한 언론사의 인터뷰에서는 혼자 생활하는 기혼 여성이 남편과 같이 살 때는 말다툼으로 인해 싸울 일이 많았지만 떨어져 산 이후 남편이 더 자상해지고 반찬을 만들어 보내주거나 꽃을 보내 주는 등 좋은 면이 많아서 走婚생활에 만족한다고 전했다.

이렇게 사적인 공간을 보장받는데다가 결혼으로 인한 책임감과 부담을 줄여준다고 하여 인기가 많은 한편, 지나친 자유로 인하여 부부 간의 유대와 책임이 약화되어 애정을 식게 만들 수 있다는 문제점도 가지고 있다.


钻石王老五[zuànshíwánglǎowǔ]

'钻石'은 다이아몬드라는 뜻이며, 王老五는 1937년에 상영된《王

老五》라는 영화의 남성 주인공 이름이다. 이 주인공은 심성이 착하고 외모도 준수하지만 35세가 되도록 장가를 가지 못하였다.

요즘 이 영화가 다시 부각되면서 35세 이상의 독신남성을 지칭하는 신조어로 쓰이게 되었다.

钻石王老五는 35세 이상의 돈은 많지만 결혼을 하지 않은 독신남성을 가리키는 동시에 다섯가지 특징을 가져야 한다. 첫째는 막강한 재력이며 둘째는 고학력이고 세 번째는 잘생긴 외모, 네 번째는 높은 능력, 마지막 다섯 번째는 과묵함이다.

# ZH

### 站街感[zhàn jiē gǎn]

站[zhàn]은 '서다', 街[jiē]는 '거리', 感[gǎn]은 '느끼다'라는 뜻으로, 길가에서 무언가를 하염없이 기다릴 때의 느낌을 비유하는 신조어이다. 베이징과 상하이 등 대도시에서는 출퇴근 러시아워 시간에 택시를 못 잡는 경우가 매우 흔하며 특히 비가 올 때는 상황이 더 심각해서 어느 누리꾼은 자신이 1시간 동안 택시를 기다렸지만 결국 택시를 잡지 못했다고 말하며 우스갯소리로 자신들이 꼭 여성접대부들처럼 길가에 서서 손을 흔들고 있다가 급히 차가 와서는 자신을 데려가는 거 같다고 말했는데, 바로 여기서 유래된 신조어이다.


## 职二代[zhíèrdài]

新义는 부모의 직장을 대물림하는 사람들을 가리킨다. 즉 职二代는 대우가 좋고 안정적인 국유기업의 간부들이 자녀에게 직장을 대물림하는 행태를 비꼬는 신조어로 富二代[fùèrdài][13]를 연상시키는 단어이며 부정적인 의미가 강하다.

中國青年報에서 설문조사를 한 결과, 대다수의 사람들이 "'职二代'가 취업의 공평성을 해치고 있다"며 강한 반감을 보였고, "'职二代'가 국유기업에 많이 존재한다"고 지적했다.

중국에서는 1950년대부터 국유기업의 간부가 정년퇴직하거나 질병 등의 사유로 일할 수 없게 되면 그 자녀가 빈자리를 채우는 제도를 시행하게 하다가 1986년에 이르러 사회적 반감이 커지면서 이러한 제도를 폐지했지만, 여전히 상당수의 국유기업은 직원의 자녀를 우선 채용하는 등 특혜를 주고 있다. 갈수록 심해지는 취업난에 시달리는 평범한 집안의 중국 청년들은 '职二代'를 현대판 '부의 세습'에 비유하며 비판하고 있다.

职二代 문제에 대해 중국 정부는 일자리 세습을 개선하겠다고 발

---

13 富를 다음 세대에게 넘겨주는 사회 현상을 가리킨다.

표했지만 개혁의 깊이와 방향, 그리고 진정성은 현재로서는 판단하기가 어렵다. 중국의 반부패 정책에서도 정부 및 국유기업 개혁은 비켜갔듯, 일자리 세습 문제도 근본적으로 해결이 어려울 수 있다. 현재 중국 당·정·군·재계 고위층 인사의 자녀 약 4,000명이 이른바 태자당(太子黨)이라는 이름으로 주요 요직에서 중국을 주름잡고 있는데 어찌 보면 이들도 职二代인 셈이니 전면 개혁을 기대하는 건 무리일지도 모른다.

비슷한 신조어로 정부 및 국가기업부문 관원들의 자녀들을 가리키는 官二代, 권력자의 2세라는 뜻의 权二代, 명문 혁명가의 2세라는 뜻의 红二代, 군 장성의 2세라는 의미의 军二代[14], 스타 연예인의 2세라는 뜻의 星二代 등이 있으며 이와 반대로 부모의 가난을 세습한다는 의미의 农二代 등의 신조어가 유행하고 있다.


## 智旅族[zhìlǚzú]


新义는 단체 패키지여행을 하지 않고, 스스로 여행경로를 설계하는 것을 즐거움으로 삼고, 다른 사람들과 여행경험과 돈을 절약할 수 있는 각종 비법을 공유하는 자유여행 애호가들을 가리킨다.

중국의 개혁·개방 이후 상당수의 중국인들은 소위 패키지로 해외여행을 나갔다. 이들의 목적은 관광도 있었으나 주로 해외에서 고가

---

**14** 가난한 농민공의 2세라는 뜻이다

의 제품을 구매하는 데에 있었다. 이러한 여행에 염증을 느낀 젊은층에서 최근에는 비용도 절감하고 본인이 원하는 관광 코스를 짜는 것이 유행하면서 생성된 신조어이다.


直男癌[zhínánái]


요즘 중국에서는 온라인 상에서 여성 차별에 대해 반감이 확산되고 있으며, 고리타분한 남성 우월 주의자를 비꼬는 신조어인 直男癌[zhínánái]이 많이 사용되고 있다. 즉, 이 신조어는 시대착오적이고 편협한 남성주의 중심사고를 보이는 사람들을 가리키는 말이다. 이들의 특징은 가부장적이고, 광신적 애국주의자이며, 항상 불만에 가득 차 있고, 동성애 혐오증이 있고 패션 감각이 떨어지고 우쭐대기 좋아하는 성격이 많다는 것이다.

한 남성은 온라인상에 "여성은 가사노동과 육아를 할 때에 아름답다", "남성이 가사노동을 하는 것은 남성의 정신을 무뎌지게 한다"는 글을 올려 直男癌라는 많은 비판을 받기도 하였다. 이 신조어를 우리말로 직역하면 '암덩어리 같은 남성 이성애자' 정도가 될 듯하다.

## 装嫩族[zhuāng nèn zú]

新義는 나이는 많은데 자신이 어려보인다고 생각하고 젊은이들의 스타일로 옷을 입고 스니커즈를 신는 부류. 즉 젊은이들의 스타일로 자신을 꾸미는 사람들을 가리킨다.

이들은 청춘이 30~40대까지도 지속된다고 믿으며 자신들을 청춘이라 생각하고 최대한 어려 보이게 치장한다. 남성보다는 주로 여성을 가리키는 신조어이다.

## 追剧[zhuī jù]

新义는 자신이 보고 싶은 드라마를 보기 위해 그 드라마가 방영하는 날만 손꼽아 기다렸다가 그 드라마를 방영하는 시간에는 다른 일은 다 제쳐두고 칼같이 시간을 지켜서 TV앞에 앉아서 드라마만 시청하는 행위를 가리킨다.

월화드라마나 수목드라마, 주말드라마 등 매주 일정한 시각 일정한 요일에 새로운 내용으로 전개되는 드라마가 점점 유행하고 또 한류드라마가 중국에서 많은 인기를 얻으면서 이렇게 드라마를 시청하는 행위를 일컫는 신조어가 생기게 되었다.

우리말 신조어인 '드라마 덕후'와 유사한 의미이다.

# VI장 나오는 말

"나는 금수저이다"라고 말하면, '금수저'란 한 신조어로 인하여 그 사람의 경제적 배경이 어떠했는지를 짐작할 수 있다. 이처럼 신조어는 한 시대의 사건이나 사회 현상 등을 함축적이면서도 구체적으로 전달한다.

최근 한국에서도 '혼밥족', '혼술족' 등 다양한 신조어가 쏟아지고 있으며, 이들 신조어는 아무 이유없이 세상에 나오는 것이 아니라, 그러한 사회적 문화적 현상이 출현했을 때 만들어져 세상에 쏟아져 나오게 된다.

물론 세상에 존재하는 모든 신조어를 알아야 하는 것은 아니며, 또한 그것은 결코 쉬운 일이 아니다. 하지만 적어도 해당 사회적 문화적 현상과 밀접한 관련이 있는 신조어에 대해서 그 신조어가 가지고 있는 언어학적 의미와 함축적으로 담아내고 있는 함의를 이해하고, 왜 이러한 의미를 나타내는 신조어가 생성되었는가에 대해서 고민해 본다면, 해당 사회와 문화를 이해하는데 어쩌면 가장 빠르고 정확한 방법이 될 수도 있다.

본 연구에서는 이러한 신조어를 분석 대상으로 삼아, 우선 2000년대 이후 생성된 신조어를 《21世纪华语新词语词典》[15]과 중국 인터넷 포털 사이트(http://www.baidu.com) 등에서 찾아 취합한 후, 개별 신조어의 생성 배경과 생성 경로, 그리고 신조어의 새로운 의미를 분석함으로써, 2000년대 이후 중국에서 어떠한 사회 현상과 문화 현상이 새로이 발생하였는가를 살펴보는 것을 목적으로 삼았다.

기존 연구를 통하여 취합된 신조어에 대해서 신조어의 함의와 그 생성 원인 및 배경에 대해서 연구하고자 하며, 신조어의 사회적 문화적 배경에 대해서 분석을 진행하고자 하였다.

이러한 연구를 통해 얻어진 연구성과는 중국어 학습자들이 신조어의 생성이 결코 사회 문화적 현상과 떨어질 수 없는 것임을 보다 확실하게 깨닫게 될 것이며, 신조어마다 그 생성원인 및 배경이 그 사회의 사회적 문화적 제현상과 밀접한 관련이 있음을 알게 될 것이다.

따라서 이러한 연구는 가장 많은 사회·문화적 변화가 야기된 2000년대 이후의 중국, 중국인의 사회와 문화를 언어학적 분석을 통하여 엿보는 가장 빠르고 효과적인 방안이 될 것이다.

동시에 이러한 연구를 통하여 현대를 살아가는 중국인의 가치관과 삶에 대한 태도 등을 이해한다면 그들과의 다양한 교류에 적극 활용할 수 있는 D/B를 제공할 것으로 기대된다.

---

15 邹嘉彦·游汝杰, 上海, 復旦大学出版社 2007.

또한 동 연구를 통하여 분석되고 이해한 신조어를 활용하여 중국어 학습에 응용한다면 보다 고급스럽고, 가장 Current한 중국어를 구사하는 능력을 제고시킬 것이다.

# 참고문헌

**- 한국**

고경화, 《중국 사회 각 분야에 나타난 신조어 고찰》, 서울, 동국대 교육대학원, 2005

구수정, 《1990년대 이후의 중국 신조어 연구》, 인천, 인하대 교육대학원, 2005.

권상민, 《현대한어 신조어 중 파생어 연구》, 경산, 영남대 대학원, 2011.

김방선, 《현대 중국어 신조어 지도 방안》, 서울, 이화여대 교육대학원, 2007

문윤희, 《현대 중국어 신조어의 번역전략 연구》, 부산, 부산외국어대 통역번역대학원, 2010.

서 총, 《한·중 신조어의 형태론적·어휘론적 대비연구》, 대전, 충남대 대학원, 2011.

손영실, 〈현대중국어 신조어의 발생과 수사조어법〉, 《中國學研究》

2010.

송지현, 〈현대 중국어의 신조어와 유행어 유형분석〉,《중국어문학논집》,2002.

안소형,《2000年代 중국 新造語의 어휘특성에 관한 연구》, 인천, 인하대교육대학원, 2010.

오월석,《현대 중국어의 신조어 연구: 개혁·개방 이후 신조어의 생성방식을 중심으로》, 공주, 공주대 교육대학원, 2005.

오수빈,《현대 중국어 신조어 활용 지도 방안》, 서울, 경희대 교육대학원, 2009

이미주,《현대 중국어 신조어 연구》, 울산, 울산대 교육대학원, 2006.

전영혜,《중국어 신조어 교육 지도방안》,춘천, 강원대 교육대학원, 2010.

정미란,《현대중국어의 신조어 연구》, 익산, 원광대 교육대학원, 2006

조수경,《중국어 신조어를 활용한 지도 방안 연구》, 화성, 수원대 교육대학원, 2008.

최윤경,《중국 개혁개방과 신조어》, 서울, 제이앤씨, 2009.

최 환, 〈중국의 체제 전환과 신조어 양상〉,《中國語文論譯叢刊》, 2004.

- 中国

邹嘉彦, 游汝杰书,《21世纪华语新词语词典》, 上海, 复旦大学出版社 2007.

http://www.baidu.com

刘晓梅,《当代汉语新词语造词法的考察》[J], 暨南大学华文学院学报, 2003年4期.

李如龙·苏新春编,《词汇学理论与实践》[M], 商务印书馆, 2001年12月.

李善容,《试论新词新语的生命力》[D], 社会科学院, 硕士论文.

鲁东大学中文信息处理研究所《新词语研究的现状》[D], 2008年7月.

安志伟,《网络词语初探》[D], 山东师范大学, 2003年.

常敬宇,《汉语词汇与文化》[M], 北京大学出版社, 2000年12月.

陈建民,《汉语新词语与社会生活》[M], 语文出版社, 2000年.

陈原,《新词语》[M], 语文出版社, 2000年.

陈文博,《新词新语的产生及其社会背景分析》[J], 新疆师范大学学报(哲学社会科学版), 1999年.

方燕勤,《新词新语的来源及发展》[J], 闽江学院学报, 2005年06期.

何苗,《现代汉语二十年新词语管窥》[D], 西南师范大学, 硕士论文.

侯敏·周荐,《2008年汉语新词语》[M], 商务印书馆, 2009年.

侯敏·周荐,《2009年汉语新词语》[M], 商务印书馆, 2010年.

侯敏·周荐,《2010年汉语新词语》[M], 商务印书馆, 2011年.

焦佳,《试论近年来产生的新词语》[J], 辽宁教育行政学院学报, 2007年 07期.

解江红,《汉法词典中新词语的收录原则》[D], 广东外语外贸大学, 2003年.

劲松,《流行语新探》[J], 选自,《语文建设》, 1999年 03期.

亢世勇·刘海润主编,《现代汉语新词语词典》[M], 上海辞书出版社, 2009年.

李行健·曹聪孙·云景魁主编,《大陆新词新语8000则》[M], 五南出版社, 1998年.

李晓英,《新词新语产生规律探析》[J], 西安石油大学学报(社会科学版), 2005.

李晓燕,《新词新语在现代汉语词汇中的新貌》[J], 巢湖学院学报, 2005年 02期.

刘娅莉,《十年来流行的汉语新词新语》[J], 四川大学学报(哲学社会科学版).

林轮伦·朱永锴·顾向欣,《现代汉语新词语词典1978～2000》[M], 花城出版社, 2000年 4月.

林庭龙,《新词新语的特点及其规范》[J], 世界汉语教学, 总第19期.

卢英顺,《现代汉语语汇学》[M], 复旦大学出版社, 2007年 4月.

刘娅莉,《十年来流行的汉语新词新语》[J], 四川大学学报(哲学社会科学版), 2004年 第1期.

刘晓梅,《新词语的词源研究概述》[J], 辞书研究, 2003年 第2期.

刘杰,《现代汉语缩略语论析》[D], 安徽大学, 硕士论文.

沈孟璎,《新中国60年新词新语词典》[M], 四川出版集团, 四川辞书出版社, 2009年.

沈孟璎,《新词新语词典》[M], 四川出版集团, 四川辞书出版社, 2005年.

申京爱,《韩汉同形前缀对比》[D], 延边大学, 硕士论文.

史有为,《汉语外来词》[M], 商务印书馆, 2000年.

苏向红,《汉语新词新语整理和研究进一步面向世界》[J], 语言文字应用, 2003年.

孙德金主编,《对外汉语词汇及词汇教学研究》[M], 第二章, 2006年7月.

王保和,《新时期新词语及其规范》[J], 理论观察, 2000年 第2期.

王希杰,《汉语修辞学》[M], 商务印书馆, 2004年.

王均熙,《新世纪汉语新词词典(精)》[M], 汉语大词典出版社, 2006年 01月.

汪榕培,《词义变化的社会和语言原因》[J], 外语与外语教学, 1998年 第11期.

《现代汉语词典》第5版[M], 商务印书馆, 2010年.

许维翰,《现代韩国语语法》[M], 北京大学出版社, 2004年.

夏莹,《近十年汉语新词语族研究综论》[J], 沈阳师范大学学报(社会科学版), 2010年 第1期.

于根元,《新词新语和语言规范》[J], 选自《语文建设》, 1985年.

衣玉敏,《从词汇学角度浅论现代汉语中新词新语的特点》[J], 南京航空航天大学学报(社会科学版), 2009.

杨绪明·杨文全,《当代汉语新词新语探析》[J], 选自《汉语学习》, 2009年 01期.

姚汉铭,《新词语·社会·文化》[M], 上海辞书出版社, 1992年.

章宜华,《信息时代新词的产生与构造理据》[J], 辞书研究, 2003年第5期.

张政英,《改革开放以来的汉语新词语》[J], 信阳师范学院学报(哲学社会科学版第25卷第4 期,2005年).

周荐,《汉语词汇结构论》[M], 上海辞书出版社, 2004年.

周荐,《2006年汉语新词语》[M], 商务印书馆, 2007年.

周君,《新词语词典》[M], 商务印书馆, 2003年.

邹嘉彦·游汝杰,《21世纪华语新词语词典》[M], 复旦大学出版社, 2007年 5月版.

朱彦,《汉语复合词语义构词法研究》[M], 北京大学出版社, 2004年.

# 신조어를 통해 본
# 현대 중국 사회문화

**초판 1쇄 발행일** 2018년 4월 30일

**지은이** 윤창준
**펴낸이** 박영희
**편집** 김영림
**디자인** 조은숙
**마케팅** 김유미
**인쇄·제본** 태광인쇄
**펴낸곳** 도서출판 어문학사
　　　서울특별시 도봉구 해등로 357 나너울카운티 1층
　　　대표전화: 02-998-0094 / 편집부1: 02-998-2267, 편집부2: 02-998-2269
　　　홈페이지: www.amhbook.com
　　　트위터: @with_amhbook
　　　페이스북: https://www.facebook.com/amhbook
　　　블로그: 네이버 http://blog.naver.com/amhbook
　　　　　　 다음 http://blog.daum.net/amhbook
　　　e-mail: am@amhbook.com
　　　등록: 2004년 7월 26일 제2009-2호

ISBN　978-89-6184-470-3　03910
**정가** 14,000원

이 도서의 국립중앙도서관 출판예정도서목록(CIP)은 e-CIP홈페이지(http://www.nl.go.kr/ecip)와
국가자료공동목록시스템(http://www.nl.go.kr/kolisnet)에서 이용하실 수 있습니다.
(CIP제어번호: CIP 2018011705)